HISTORIA
DE UNA ESCALERA

Antonio Buero Vallejo

introduction, notes and vocabulary by
H. LESTER, B.A.
Senior Modern Language Master, Pinner County Grammar School
and
J. A. ZABALBEASCOA BILBAO
Spanish Master, Tulse Hill School, London

UNIVERSITY OF LONDON PRESS LTD
Warwick Square, London E.C.4

First published in Spain 1949
This edition first published 1963
Text Copyright © 1958
by Antonio Buero Vallejo

Introduction, Notes and *Vocabulary Copyright* © 1963
by H. Lester and J. A. Zabalbeascoa Bilbao

*Thanks are due to Sr. Gyenes for permission
to reproduce the photograph on the cover.*

Printed in Great Britain for the UNIVERSITY OF LONDON PRESS LTD
by NEILL AND CO LTD, EDINBURGH

CONTENTS

INTRODUCTION 7

HISTORIA DE UNA ESCALERA 17

   Act I 18

   Act II 43

   Act III 63

NOTES 85

VOCABULARY 95

INTRODUCTION

Since the end of the Civil War, two dramatists have dominated the Spanish theatre: Alejandro Casona, who lives in Argentina, and Antonio Buero Vallejo.

Buero Vallejo was born at Guadalajara on September 29, 1916. He showed early promise both as an artist and as a writer. After completing the *bachillerato*, he became a student of the Escuela de Bellas Artes in Madrid, but the outbreak of the Civil War interrupted his studies. The nightmare horrors of the struggle, which need not be enlarged upon, left a deep and lasting mark on him.

For some years he hesitated between painting and writing, but he decided that the theatre was the perfect vehicle for the communication of his ideas, and from 1945 he devoted himself exclusively to it. After four long and difficult years, his *Historia de una escalera* won the important Lope de Vega prize offered in 1949 by the City Council of Madrid—an honour first gained by Alejandro Casona before the Civil War. When the play was performed, it was received enthusiastically. In the same year, a prize was also given to *Palabras en la arena*.

The year 1950 saw the production of *En la ardiente oscuridad*, Buero's first play, written about the end of the second World War. Its theme—the loss of optimism and morale among a group of blind people through the

rebellious attitude of one of them who is not recon-
ciled to his misfortune—provoked very varied reactions
from the public and critics. The interest aroused by
Buero's ideas and his treatment of them in this play
led to its production in Germany, the United States,
South America and France, and a film version was made
in Argentina.

Though his plays have appeared at regular intervals,
Buero's output is small compared with that of more
superficial and commercially-minded writers; when a
subject with dramatic possibilities occurs to him, he allows
it to mature in his mind and works conscientiously at the
documentation before committing himself to paper. His
productions in chronological order have been:

1949   *Historia de una escalera*
       Palabras en la arena
1950   *En la ardiente oscuridad*
1952   *La tejedora de sueños* (based on the legend of
       Ulysses and Penelope)
       La señal que se espera
1953   *Casi un cuento de hadas* (an adaptation for the
       stage of a story by Perrault)
       Madrugada
1954   *Irene o el tesoro*
1956   *Hoy es fiesta*
1957   *Las cartas boca abajo*
1958   *Un soñador para un pueblo*
1960   *Las Meninas*
1961   *Hamlet* (a translation)
1962   *El concierto de San Ovidio*

Two of his early plays, *El terror inmóvil* and *Aventura en lo gris*, have not yet been performed, though the latter has been printed in the review *Teatro*.[1]

Before 1939, Joaquín Dicenta Senr., Valle-Inclán, Casona, García Lorca, and indeed almost all Spanish dramatists, had treated, with varying degrees of insistence and conviction, the country's social and political problems. After the Civil War, the theatre, like other art forms, did not immediately recover. Unsuccessful historical plays were written on the theme of Spain's former greatness, though the cinema paid much more attention to this subject. Humorous plays, for the most part stupid or absurdly comic, were also produced, as well as superficially sentimental plays (*piezas rosa*), which managed to please only because the public, for the most part female, was anxious to forget an all too real Spanish tragedy. An occasional clever writer reaped a large financial reward from combining the two ingredients, facile comedy and sentimentality. Few plays of real merit were produced.

When *Historia de una escalera* appeared, it made a sensational impact. For the first time for many years, something authentic was seen on the stage: everyday occurrences in the working-class suburbs of large cities were depicted. The theatre was filled to capacity by audiences attracted by a plot that reflected their own problems. In fact, the works of Buero most appreciated in Spain are precisely those in which an exposition of social realities is found, and especially those which deal with the atmosphere and emotions of a social class who

---

[1] No. 10, Ediciones Alfil, Madrid.

live wretchedly, suffering penury and hunger, and who find no helping hand in their efforts to improve themselves. The following extracts show how the characters in these works talk:

> *Manola.*   Everything's gone.   Peaceful old age, clients . . .
> *Tomasa.*   That's life.   We run like dogs after things we never get.

and:

> *Manola.*   You can't gamble with the money of the poor!
> *Doña Nieves.*   Or with their dreams! [1]

These words are uttered by the tenants of a tenement who have invested their savings in the lottery ticket of a neighbour. Few pleasant things happen to relieve the sordid nature of the lives of these people, who subject their happiness to the dictates of chance. When the ticket wins, and the woman has to confess that she has not bought it, the deceit becomes an unforgivable crime. Buero Vallejo condemns the immorality of the deed with supreme skill and simplicity merely by revealing the feelings of those swindled.

Not all his plays deal with the trials of humble folk, or even with exclusively national questions. A broad classification in the light of the subject-matter could be drawn up as follows:

(*a*) Those plays which reflect the lives of present-day Spaniards of humble social position: *Historia de una escalera, Irene o el tesoro, Hoy es fiesta, Las cartas boca abajo.*

(*b*) The contemporary ones dealing with other social groups: *En la ardiente oscuridad, La señal que se espera, Madrugada, Aventura en lo gris.*

[1] *Hoy es fiesta*, Act III.

(c) Those inspired by a myth, fable or historical event: *Palabras en la arena, La tejedora de sueños, Casi un cuento de hadas*.

(d) Those based on characters from Spanish history, written in order to study problems which still affect the country: *Un soñador para un pueblo, Las Meninas*.

In general, the basic themes are people's striving for happiness, and the problems of human communication which preoccupy all individuals, whatever their social position.

Buero Vallejo has been called a realist, though a desperate and sombre one. He certainly seeks symbolism in the reality he portrays. Sometimes his symbols are obvious to the audience, as in *La tejedora de sueños*, where Penelope's tapestry reveals her vacillation, and she herself represents all women. Again, a perceptive audience may readily place a wider interpretation on the fraud over the lottery ticket in *Hoy es fiesta*. However, at times, the symbolism appears overdone, as when the Aeolian harp of Luis in *La señal que se espera* is made to represent too many things. Whether we interpret the plays symbolically or not, however, they are always relevant to the time in which we live. They reflect the eternal human problems which arise from pride, egoism, and lack of consideration for others.

The author himself admits the possibility of different interpretations of his work, though it contains many implicit and explicit assertions of his views. In the end, it may be said that the merit of a play does not lie in finding answers to problems, but in its suggestive power.

Buero has shown keen interest in the action of the rebel, the struggle of one man against a group in the desire to transmit his ideas or put them into practice. The rebel may triumph and be transformed into the originator of a new attitude to life, despite the cruelty of his doctrine—as in the case of Ignacio, the protagonist of *En la ardiente oscuridad*—or be defeated, in spite of his disinterestedness, upright conduct and good intentions—as with the Marqués de Esquilache in *Un soñador para un pueblo*.

Further consideration of Buero's work would be out of place in this book, but some comment upon *Historia de una escalera* can usefully be made, though the play is largely self-explanatory.

The dialogue, unadorned and concise, is appropriate to the social position of the characters. The language never descends to vulgarity, but colloquial turns of expression and idioms abound.

The construction is noteworthy. There is not the slightest suggestion of 'padding'. The play is a succession of fragments of reality in three different periods, and while a scene may add only one idea which serves to outline the atmosphere and chronology of each period better, its inclusion seems not only necessary but indispensable. A real difficulty for the dramatist is presented by the shortness of the play, imposed by the usual length of performances in Spain, and the need to portray atmosphere and characters in a very limited time. The deliberate omission of any specific reference to fix the period of each act suggests that the author did not wish to subject himself to precise chronology, so that he could give more breadth and validity to the play. However, the period of thirty years covered by the play and the interest in trade unionism shown by Urbano in Act I, suggests that the author places the opening about 1920, when Spanish workers were showing enthusiasm for the organization of labour in the *sindicatos*. The beginning of Act III can be taken as an example of an indirect way of letting it be known that many years have gone by since the previous act: the brief appearance of Paca climbing the stairs serves to inform us that her husband Juan is dead, that she now has a grand-daughter, and that several years have passed since the previous act. Paca now appears as an old woman who cannot climb the stairs easily, though she was formerly very active. There follows a scene between the new tenants; these indicate in a natural manner the new times—different ways of earning a living (office and business), the importance acquired by the motor-car, the practical need of a lift. Next, Buero introduces another character, a boy who will occupy the centre of the stage for a long time; a boy who, without being a ragamuffin, smokes brazenly on the stairs in front of the neighbours, and who has the effrontery to say to Trini, a woman thirty years older than he, that he intends to marry her when he is grown up. Times have clearly changed, and the action is now taking place in the middle of the twentieth century. Moreover, the perform-ance of Manolín serves as a touch-stone to show the character of Fernando junior, who is not so like his father as he seems at first sight and as Urbano declares.

The characterization is through types, as in almost all works which aim to reflect social reality, but this does not prevent our seeing them as individuals. Buero here shows his interest in the problem of personality, the unknown quantity which is the kernel of Unamuno's plays and of almost all his other literary work. Of all the characters in *Historia de una escalera*, Paca seems the most successfully portrayed, perhaps because, with Rosita and Pepe, she has already been dealt with in the comedy of manners.

The four central figures are the most complicated, as is only natural. Fernando begins as a dreamer, proud of his good physical appearance and believing in his intellectual superiority over the others—this last a fruit of ill-assimilated reading which merely exaggerates his pedantry. His attitude to his mother in Act I is intemperate and ill-mannered, and he rejects Elvira's favours with bookish phrases. All his posturing disappears with marriage; Fernando has surrendered for financial reasons to Elvira's caprice, and feels the shame of his sense of failure. This is why he is so concerned about what the neighbours say. He wishes to go unnoticed so that they will not perceive his failure, his unhappiness, his frequent disputes with his wife.

As for Elvira, from a self-willed, spoilt girl, she becomes a vicious woman in Act II, and is completely disillusioned in Act III. She was dazzled by Fernando's panache, and was unable to see behind his pretentious façade, his real lack of integrity and his meanness of spirit.

Urbano is a good, hardworking man, conscious of and resigned to his social position. He strives to improve the standards of the workers, not to change their class. His very goodness, or perhaps a facet of irresoluteness in his character, prevents him from fulfilling the threats he freely utters in anger. Through his marriage to Carmina, he becomes hard and intransigent, especially with his daughter, and fails to gain the affection of his wife.

Carmina, it is true, does not treat Urbano well, though she should, even if only out of gratitude. It is clear that she remains in love with her former suitor, however much she tries to hide it.

The harshness and even cruelty with which the two main women characters treat their husbands is odd. Elvira has got the man she wanted, but grieves over her mistake. Carmina marries in search of security and protection, and does not exert herself in the least to make happy a man who loves her deeply. These two women, declared enemies on account of their love for the same man, continue to hate each other after the illusions of that love have faded for both of them, so as not to confess defeat. They obstinately use the conventional *usted*, keep their distance, and make any settlement impossible. In contrast, the familiar *tú* is used between Fernando and Urbano, even after the years and events have spoiled their friendship. Unhappiness for everyone springs from the conflict between the two women; for Fernando, as a result of his own weakness; for Elvira, because she feels cheated; for Urbano, since he is embittered by his wife's indifference; for Carmina, as she cannot forget Fernando.

This vision of life is depressing enough, but a ray of hope is left at the end. Buero's work, as he himself has repeatedly said, is a call to hope, even at times of greatest despair. Perhaps the young Fernando will succeed in fulfilling his ambitions, which, through the irony of life, are the same as those his father had expressed thirty years previously.   In any event, one *must* hope.   As one of Buero's characters says in *Hoy es fiesta*: 'Hay que esperar . . . Esperar siempre . . . La esperanza nunca termina . . . La esperanza es infinita.'

PERSONAJES

Cobrador de la luz
Generosa *madre de Carmina y Pepe*
Paca *madre de Urbano, Trini y Rosa; esposa del Señor Juan*
Elvira *hija de don Manuel*
Doña Asunción *madre de Fernando*
Don Manuel *padre de Elvira*
Trini *hija de Paca; hermana de Urbano y Rosa*
Carmina *hija de Generosa; hermana de Pepe*
Fernando *hijo de doña Asunción*
Urbano *hijo de Paca; hermano de Trini y Rosa*
Rosa *hija de Paca; hermana de Trini y Urbano*
Pepe *hijo de Generosa; hermano de Carmina*
Señor Juan *marido de Paca; padre de Urbano, Trini y Rosa*
Señor *bien vestido*
Joven *bien vestido*
Manolín
Carmina hija
Fernando hijo

B

ACTO PRIMERO

Un tramo de escalera con dos rellanos en una casa modesta de vecindad. Los escalones de bajada hacia los pisos inferiores se encuentran en el primer término izquierdo. La barandilla que los bordea es muy pobre, con el pasamanos de hierro, y tuerce para correr a lo largo de la escena limitando el primer rellano. Cerca del lateral derecho arranca un tramo completo de unos diez escalones. La barandilla lo separa a su izquierda del hueco de la escalera, y a su derecha hay una pared que rompe en ángulo junto al primer peldaño,

*formando en el primer término derecho un entrante con una
sucia ventana lateral. Al final del tramo la barandilla
vuelve de nuevo y termina en el lateral izquierdo, limitando
el segundo rellano; en el borde de éste, una polvorienta
bombilla enrejada pende hacia el hueco de la escalera. En
el segundo rellano hay cuatro puertas: dos laterales y dos
centrales. Las distinguiremos, de derecha a izquierda,
con los números I, II, III y IV.*

*El espectador asiste, en este acto y en el siguiente, a la
galvanización momentánea de tiempos que han pasado.
Los vestidos tienen un vago aire retrospectivo.*

*Nada más levantarse el telón vemos cruzar y subir fatigo-
samente al* COBRADOR DE LA LUZ,* *portando su grasienta
cartera. Se detiene unos segundos para respirar y llama
después con los nudillos en las cuatro puertas. Vuelve al I,
donde le espera ya en el quicio la* SEÑORA GENEROSA:
una pobre mujer de unos cincuenta y cinco años.

COBRADOR. La luz. Dos sesenta.* *(Le tiende el
recibo. La puerta III se abre y aparece* PACA, *mujer de unos
cincuenta años, gorda y de ademanes desenvueltos. El
Cobrador repite, tendiéndole el recibo:)* La luz. Cuatro
diez.

GENEROSA. *(Mirando el recibo.)* ¡Dios mío! ¡Cada vez
más caro! No sé cómo vamos a poder vivir. *(Se mete.)*

PACA. ¡Ya, ya! *(Al Cobrador.)* ¿Es que no saben hacer
otra cosa que elevar la tarifa? ¡Menuda ladronera es la
Compañía!* ¡Les debía dar vergüenza chuparnos la 10
sangre de esa manera! *(El Cobrador se encoge de hombros.)*
¡Y todavía se ríe!*

COBRADOR. No me río, señora. *(A* ELVIRA, *que abrió*

la puerta II.) Buenos días. La luz. Seis sesenta y cinco.

(*Elvira, una linda muchacha vestida de calle, recoge el recibo y se mete.*)

PACA.   Se ríe por dentro. ¡Buenos pájaros son todos ustedes!   Esto se arreglaría, como dice mi hijo Urbano, tirando a más de cuatro* por el hueco de la escalera.   20

COBRADOR.   Mire lo que dice, señora.   Y no falte.*

PACA.   ¡Cochinos!

COBRADOR.   Bueno, ¿me paga o no?   Tengo prisa.

PACA.   ¡Ya va, hombre!*   Se aprovechan de que una no es nadie, que* si no . . . (*Se mete rezongando.* GENEROSA *sale y paga al Cobrador.   Después cierra la puerta. El Cobrador aporrea otra vez el IV, que es abierto inmediatamente por* DOÑA ASUNCIÓN, *señora de luto, delgada y consumida.*)

COBRADOR.   La luz.   Tres veinte.   30

DOÑA ASUNCIÓN.   (*Cogiendo el recibo.*)   Sí, claro . . . Buenos días.   Espere un momento, por favor.   Voy adentro . . . (*Se mete.*   PACA *sale refunfuñando mientras cuenta las monedas.*)

PACA.   ¡Ahí va!   (*Se las da de golpe.*)

COBRADOR.   (*Después de contarlas.*)   Está bien.

PACA.   ¡Está muy mal!   ¡A ver si hay suerte, hombre, al bajar la escalerita!   (*Cierra con un portazo.*   ELVIRA *sale.*)

ELVIRA.   Aquí tiene usted.   (*Contándole la moneda*   40 *fraccionaria.*)   Cuarenta . . ., cincuenta . . ., sesenta... y cinco.

COBRADOR.   Está bien.   (*Se lleva un dedo a la gorra y se dirige al IV.*)

ELVIRA. (*Hacia dentro.*) ¿No sales, papá? (*Espera en el quicio.* DOÑA ASUNCIÓN *vuelve a salir, ensayando sonrisas.*)

DOÑA ASUNCIÓN. ¡Cuánto lo siento! ¡Me va a tener que perdonar! Como me ha cogido después de la compra, y mi hijo no está . . .

(DON MANUEL, *padre de Elvira, sale vestido de calle. Los* 50 *trajes de ambos denotan una posición económica más holgada que la de los demás vecinos.*)

DON MANUEL. (*A Doña Asunción.*) Buenos días. (*A su hija.*) Vamos.

DOÑA ASUNCIÓN. ¡Buenos días! ¡Buenos días, Elvirita! ¡No te había visto!

ELVIRA. Buenos días, doña Asunción.

COBRADOR. Perdone, señora, pero tengo prisa.

DOÑA ASUNCIÓN. Sí, sí . . . Le decía que ahora da la casualidad que no puedo . . . ¿No podría volver luego? 60

COBRADOR. Mire, señora: no es la primera vez que pasa, y . . .

DOÑA ASUNCIÓN. ¿Qué dice?

COBRADOR. Sí. Todos los meses es la misma historia. ¡Todos! Y yo no puedo venir a otra hora ni pagarlo de mi bolsillo. Con que si no me abona tendré que cortarle el flúido.

DOÑA ASUNCIÓN. Pero si es una casualidad,* ¡se lo aseguro! Es que mi hijo no está, y . . .

COBRADOR. ¡Basta de monsergas! Esto le pasa por 70 querer gastar como una señora, en vez de abonarse a tanto alzado.* Tendré que cortarle.

(*Elvira habla en voz baja con su padre.*)

DOÑA ASUNCIÓN. (*Casi perdida la compostura.*). ¡No lo haga, por Dios! Yo le prometo . . .

COBRADOR.   Pida a algún vecino . . .

DON MANUEL.   (*Después de atender a lo que le susurra su hija.*)   Perdone que intervenga, señora. (*Cogiéndole el recibo.*)

DOÑA ASUNCIÓN.   No, don Manuel.   ¡No faltaba 80 más!*

DON MANUEL.   ¡Si no tiene importancia!   Ya me lo devolverá cuando pueda.

DOÑA ASUNCIÓN.   Esta misma tarde; de verdad.

DON MANUEL.   Sin prisa, sin prisa. (*Al Cobrador.*) Aquí tiene.

COBRADOR.   Está bien. (*Se lleva la mano a la gorra.*) Buenos días. (*Se va.*)

DON MANUEL. (*Al Cobrador.*)   Buenos días.

DOÑA   ASUNCIÓN.   (*Al Cobrador.*)   Buenos   días. 90 Muchísimas gracias, don Manuel.   Esta misma tarde . . .

DON MANUEL. (*Entregándole el recibo.*)   ¿Para qué se va a molestar?   No merece la pena.   Y Fernando, ¿qué se hace?*

(*Elvira se acerca y le coge del brazo.*)

DOÑA ASUNCIÓN.   En su papelería.   Pero no está contento.   ¡El sueldo es tan pequeño!   Y no es porque sea mi hijo, pero él vale mucho y merece otra cosa.   ¡Tiene muchos proyectos!   Quiere ser delineante, ingeniero, ¡qué sé yo!*   Y no hace más que leer y pensar.   Siempre 100 tumbado en la cama, pensando en sus proyectos.   Y escribe cosas también, y poesías.   ¡Más bonitas!*   Ya le diré que dedique alguna* a Elvirita.

ELVIRA. (*Turbada.*)   Déjelo, señora . . .

DOÑA ASUNCIÓN.   Te lo mereces, hija. (*A don Manuel.*) No es porque esté delante, pero ¡qué preciosísima se ha

puesto Elvirita! Es una clavellina. El hombre que se
la lleve . . .

DON MANUEL. Bueno, bueno. No siga, que me la va
a malear. Lo dicho, doña Asunción. (*Se quita el som-* 110
brero y le da la mano.) Recuerdos a Fernandito. Buenos
días.

ELVIRA. Buenos días.

(*Inician la marcha.*)

DOÑA ASUNCIÓN. Buenos días. Y un millón de gracias
. . . Adiós. (*Cierra. Don Manuel y su hija empiezan a
bajar. Elvira se para de pronto para besar y abrazar
impulsivamente a su padre.*)

DON MANUEL. ¡Déjame, locuela! ¡Me vas a tirar!

ELVIRA. ¡Te quiero tanto, papaíto! ¡Eres tan bueno! 120

DON MANUEL. Deja los mimos, pícara. Tonto es lo
que soy. Siempre te saldrás con la tuya.

ELVIRA. No llames tontería a una buena acción . . .
Ya ves, los pobres nunca tienen un cuarto. ¡Me da una
lástima doña Asunción!

DON MANUEL. (*Levantándole la barbilla.*) El tarambana de Fernandito es el que a ti te preocupa.

ELVIRA. Papá, no es un tarambana . . . Si vieras qué
bien habla . . .

DON MANUEL.—Un tarambana. Eso sabrá hacer él..., 130
hablar. Pero no tiene donde caerse muerto.* Hazme
caso, hija; tú te mereces otra cosa.

ELVIRA. (*En el rellano ya, da pueriles pataditas.*) No
quiero que hables así de él. Ya verás cómo llega muy
lejos. ¡Qué importa que no tenga dinero! ¿Para qué
quiere mi papaíto un yerno rico?

DON MANUEL. ¡Hija!

ELVIRA. Escucha: te voy a pedir un favor muy grande.

DON MANUEL. Hija mía, algunas veces no me respetas 140 nada.*

ELVIRA. Pero te quiero, que es mucho mejor. ¿Me harás ese favor?

DON MANUEL. Depende . . .

ELVIRA. ¡Nada! Me lo harás.

DON MANUEL. ¿De qué se trata?

ELVIRA. Es muy fácil, papá. Tú lo que necesitas no es un yerno rico, sino un muchacho emprendedor que lleve adelante el negocio. Pues sacas a Fernando de la papelería y le colocas, ¡con un buen sueldo!, en tu agencia. 150 (*Pausa.*) ¿Concedido?

DON MANUEL. Pero, Elvira, ¿y si Fernando no quiere? Además . . .

ELVIRA. ¡Nada! (*Tapándose los oídos.*) ¡Sorda!

DON MANUEL. ¡Niña, que soy tu padre!

ELVIRA. ¡Sorda!

DON MANUEL. (*Quitándole las manos de los oídos.*) Ese Fernando os tiene sorbido el seso* a todas porque es el chico más guapo de la casa. Pero no me fío de él. Suponte que no te hiciera caso . . .   160

ELVIRA. Haz tu parte, que de eso me encargo yo . . .

DON MANUEL. ¡Niña!

(*Ella rompe a reir. Coge del brazo a su padre y le lleva, entre mimos, al lateral izquierdo. Bajan. Una pausa.* TRINI—*una joven de aspecto simpático*—*sale del III con una botella en la mano, atendiendo a la voz de Paca.*)

PACA. (*Desde dentro.*) ¡Que lo compres tinto!* Que ya sabes que a tu padre no le gusta el blanco.

TRINI. Bueno, madre. (*Cierra y se dirige a la escalera.*
GENEROSA *sale del I, con otra botella.*) 170

GENEROSA. ¡Hola, Trini!

TRINI. Buenos, señora Generosa. ¿Por el vino?

(*Bajan juntas.*)

GENEROSA. Sí. Y a la lechería.

TRINI. ¿Y Carmina?

GENEROSA. Aviando la casa.

TRINI. ¿Ha visto usted la subida de la luz?

GENEROSA. ¡Calla, hija! ¡No me digas!* Si no
fuera más que la luz . . . ¿Y la leche? ¿Y las patatas?

TRINI. (*Confidencial.*) ¿Sabe usted que doña Asunción 180
no podía pagar hoy al cobrador?

GENEROSA. ¿De veras?

TRINI. Eso dice mi madre, que estuvo escuchando.
Se lo pagó don Manuel. Como la niña está loca por
Fernandito . . .

GENEROSA. Ese gandulazo es muy simpático.

TRINI. Y Elvirita una lagartona.

GENEROSA. No. Una niña consentida . . .

TRINI. No. Una lagartona . . .

(*Bajan charlando. Pausa.* CARMINA *sale del I. Es* 190
una preciosa muchacha de aire sencillo y pobremente vestida.
Lleva delantal y una lechera en la mano.)

CARMINA. (*Mirando por el hueco de la escalera.*)
¡Madre! ¡Que se le olvida la cacharra! ¡Madre! (*Con*
un gesto de contrariedad se despoja del delantal, lo echa
adentro y cierra. Baja por el tramo mientras se abre el
IV suavemente y aparece FERNANDO, *que la mira y cierra*
la puerta sin ruido. Ella baja apresurada sin verle y sale
de escena. Él se apoya en la barandilla y sigue con la

vista la bajada de la muchacha por la escalera.   Fernando 200
*es, en efecto, un muchacho muy guapo.   Viste pantalón de
luto y está en mangas de camisa.   Pausa.   El IV vuelve
a abrirse.*   DOÑA ASUNCIÓN *espía a su hijo.*)

DOÑA ASUNCIÓN.   ¿Qué haces?

FERNANDO.   (*Desabrido.*)   Ya lo ves.

DOÑA ASUNCIÓN.   (*Sumisa.*)   ¿Estás enfadado?

FERNANDO.   No.

DOÑA ASUNCIÓN.   ¿Te ha pasado algo en la papelería?

FERNANDO.   No.

DOÑA ASUNCIÓN.   ¿Por qué no has ido hoy?   210

FERNANDO.   Porque no.   (*Pausa.*)

DOÑA ASUNCIÓN.   ¿Te he dicho que el padre de Elvirita
nos ha pagado el recibo de la luz?

FERNANDO.   (*Volviéndose hacia su madre.*)   ¡Sí!   ¡Ya
me lo has dicho!   (*Yendo hacia ella.*)   ¡Déjame en paz!

DOÑA ASUNCIÓN.   ¡Hijo!

FERNANDO.   ¡Qué inoportunidad!   ¡Pareces disfrutar
recordándome nuestra pobreza!

DOÑA ASUNCIÓN.   ¡Pero, hijo!

FERNANDO.   (*Empujándola y cerrando de golpe.*)   ¡Anda, 220
anda para adentro!   (*Con un suspiro de disgusto, vuelve a
recostarse en el pasamanos.   Pausa.*   URBANO *llega al
primer rellano.   Viste traje azul mahón.   Es un muchacho
fuerte y moreno, de fisonomía ruda, pero expresiva: un
proletario.   Fernando lo mira avanzar en silencio.   Urbano
comienza a subir la escalera y se detiene al verle.*)

URBANO.   ¡Hola!   ¿Qué haces ahí?

FERNANDO.   Hola, Urbano.   Nada.

URBANO.   Tienes cara de enfado.

FERNANDO.   No es nada.   230

URBANO. Baja al 'casinillo'.* (*Señalando el hueco de la ventana.*) Te invito a un cigarro. (*Pausa.*) ¡Baja, hombre! (*Fernando empieza a bajar sin prisa.*) Algo te pasa. (*Sacando la petaca.*) ¿No se puede saber?

FERNANDO. (*Que ha llegado.*) Nada, lo de siempre...* (*Se recuestan en la pared del 'casinillo'. Mientras hacen los pitillos*:*) ¡Que estoy harto de todo esto!

URBANO. (*Riendo.*) Eso es ya muy viejo.* Creí que te ocurría algo.

FERNANDO. Puedes reírte. Pero te aseguro que no sé 240 cómo aguanto. (*Breve pausa.*) En fin,* ¡para qué hablar! ¿Qué hay por tu fábrica?*

URBANO. ¡Muchas cosas! Desde la última huelga de metalúrgicos, la gente se sindica a toda prisa. A ver cuando* nos imitáis los dependientes.

FERNANDO. No me interesan esas cosas.

URBANO. Porque eres tonto. No sé de qué te sirve tanta lectura.

FERNANDO. ¿Me quieres decir lo que sacáis en limpio* de esos líos? 250

URBANO. Fernando, eres un desgraciado. Y lo peor es que no lo sabes. Los pobres diablos como nosotros nunca lograremos mejorar de vida sin la ayuda mutua. Y eso es el sindicato. ¡Solidaridad! Esa es nuestra palabra. Y sería la tuya si te dieses cuenta de que no eres más que un triste hortera. ¡Pero como te crees un marqués!

FERNANDO. No me creo nada. Sólo quiero subir, ¿comprendes? ¡Subir! Y dejar toda esta sordidez en que vivimos. 260

URBANO. Y a los demás que los parta un rayo.

FERNANDO.   ¿Qué tengo yo que ver* con los demás?
Nadie hace nada por nadie.   Y vosotros os metéis en el
sindicato porque no tenéis arranque para subir solos.
Pero ése no es camino para mí.   Yo sé que puedo subir,
y subiré solo.

URBANO.   ¿Se puede uno reir?

FERNANDO.   Haz lo que te dé la gana.

URBANO.   (*Sonriendo.*) Escucha, papanatas.   Para
subir solo, como dices, tendrías que trabajar todos los 270
días diez horas en la papelería; no podrías faltar nunca,
como has hecho hoy . . .

FERNANDO.   ¿Cómo lo sabes?

URBANO.   ¡Porque lo dice tu cara, simple!   Y déjame
continuar.   No podrías tumbarte a hacer versitos ni a
pensar en las musarañas; buscarías trabajos particulares
para redondear el presupuesto y te acostarías a las tres
de la mañana contento de ahorrar sueño y dinero.   Porque
tendrías que ahorrar, ahorrar como una urraca; quitándolo
de la comida, del vestido, del tabaco . . . Y cuando 280
llevases un montón de años haciendo eso, y ensayando
negocios y buscando caminos, acabarías por verte soli-
citando cualquier miserable empleo para no morirte de
hambre . . . No tienes tú madera para esa vida.

FERNANDO.   Ya lo veremos.   Desde mañana mismo...

URBANO.   (*Riendo.*) Siempre es desde mañana.   ¿Por
qué no lo has hecho desde ayer, o desde hace un mes?
(*Breve pausa.*) Porque no puedes.   Porque eres un
soñador.   ¡Y un gandul! (*Fernando le mira lívido,
conteniéndose, y hace un movimiento para marcharse.*) 290
¡Espera, hombre!   No te enfades.   Todo esto te lo digo
como un amigo.   (*Pausa.*)

FERNANDO. (*Más calmado y levemente despreciativo.*)
¿Sabes lo que te digo? Que el tiempo lo dirá todo.*
Y que te emplazo. (*Urbano le mira.*) Sí, te emplazo
para dentro de . . . diez años, por ejemplo. Veremos
para entonces quien ha llegado más lejos; si tú con tu
sindicato o yo con mis proyectos.

URBANO. Ya sé que yo no llegaré muy lejos; y tampoco
tú llegarás. Si yo llego, llegaremos todos. Pero lo más 300
fácil* es que dentro de diez años sigamos subiendo esta
escalera y fumando en este 'casinillo'.

FERNANDO. Yo, no. (*Pausa.*) Aunque quizá no sean
muchos diez años . . .

URBANO. (*Riendo.*) ¡Vamos! Parece que no estás
muy seguro. (*Pausa.*)

FERNANDO. No es eso, Urbano. ¡Es que le tengo
miedo al tiempo! Es lo que más me hace sufrir. Ver
cómo pasan los días, y los años . . . sin que nadie cambie.
Ayer mismo éramos tú y yo dos críos que veníamos a 310
fumar aquí, a escondidas, los primeros pitillos . . . ¡Y
hace ya diez años! Hemos crecido sin darnos cuenta,
subiendo y bajando la escalera, rodeados siempre de los
padres, que no nos entienden; de vecinos que murmuran
de nosotros y de quienes murmuramos . . . Buscando mil
recursos y soportando humillaciones para poder pagar
la casa, la luz . . . y las patatas. (*Pausa.*) Y mañana,
o dentro de diez años, que pueden pasar como un día,
como han pasado estos últimos . . . , ¡sería terrible
seguir así! Subiendo y bajando la escalera, una escalera 320
que no conduce a ningún sitio; haciendo trampas en el
contador,* aborreciendo el trabajo . . ., perdiendo día tras
día . . . (*Pausa.*) Por eso es preciso cortar por lo sano.*

URBANO.   ¿Y qué vas a hacer?

FERNANDO.   No lo sé.   Pero ya haré algo.

URBANO.   ¿Y quieres hacerlo solo?

FERNANDO.   Solo.

URBANO.   ¿Completamente?   (*Pausa.*)

FERNANDO.   Claro.

URBANO.   Pues te voy a dar un consejo.   Aunque no 330 lo creas, siempre necesitamos de los demás.   No podrás luchar solo sin cansarte.

FERNANDO.   ¿Me vas a volver a hablar del sindicato?

URBANO.   No.   Quiero decirte que, si verdaderamente vas a luchar, para evitar el desaliento necesitarás . . . (*Se detiene.*)

FERNANDO.   ¿Qué?

URBANO.   Una mujer.

FERNANDO.   Ese no es problema.   Ya sabes que . . .

URBANO.   Ya sé que eres un buen mozo con muchos 340 éxitos.   Y eso te perjudica; eres demasiado buen mozo. Lo que te hace falta es dejar todos esos noviazgos y enamorarte de verdad.   (*Pausa.*)   Hace tiempo que no hablamos de estas cosas . . . Antes, si a ti o a mí nos gustaba Fulanita, nos lo decíamos en seguida.   (*Pausa.*) ¿No hay nada serio ahora?

FERNANDO.   (*Reservado.*)   Pudiera ser . . .

URBANO.   No se tratará de mi hermana, ¿verdad?

FERNANDO.   ¿De tu hermana?   ¿De cuál?

URBANO.   De Trini.

FERNANDO.   No, no.

350

URBANO.   Pues de Rosita, ni hablar.*

FERNANDO.   Ni hablar.   (*Pausa.*)

URBANO.   Porque la hija de la señora Generosa no creo

que te haya llamado la atención . . . (*Pausa. Le mira de reojo, con ansiedad.*) ¿O es ella? ¿Es Carmina? (*Pausa.*)

FERNANDO. No.

URBANO. (*Ríe y le palmotea la espalda.*) ¡Está bien, hombre! ¡No busco más! Ya me lo dirás cuando quieras. ¿Otro cigarrillo? 360

FERNANDO. No. (*Pausa breve.*) Alguien sube.

(*Miran hacia el hueco.*)

URBANO. Es mi hermana.

(*Aparece* ROSA, *que es una mujer joven, guapa y provocativa. Al pasar junto a ellos los saluda despectivamente, sin detenerse, y comienza a subir el tramo.*)

ROSA. Hola, chicos.

FERNANDO. Hola, Rosita.

URBANO. ¿Ya has pindongueado bastante?

ROSA. (*Parándose.*) ¡Yo no pindongueo! Y, además, 370 no te importa.

URBANO. ¡Un día de estos le voy a romper las muelas a alguien!

ROSA. ¡Qué valiente! Cuídate tú la dentadura por si acaso.* (*Sube. Urbano se queda estupefacto por su descaro. Fernando ríe y le llama a su lado. Antes de llamar Rosa en el III, se abre el I y sale* PEPE. *El hermano de Carmina ronda ya los treinta años, y es un granuja achulado y presuntuoso. Ella se vuelve y se contemplan, muy satisfechos. Él va a hablar, pero ella le hace señas de que se calle, y le* 380 *señala al 'casinillo', donde se encuentran los dos muchachos, ocultos para él. Pepe la invita por señas a bailar para después y ella asiente sin disimular su alegría. En esta expresiva mímica los sorprende* PACA, *que abre de improviso.*)

PACA. ¡Bonita representación! (*Furiosa, zarandea a*

su hija.) ¡Adentro, condenada! ¡Ya te daré yo diversiones!

(*Fernando y Urbano se asoman.*)

ROSA.   ¡No me empuje! ¡Usted no tiene derecho a maltratarme!   390

PACA.   ¿Que no tengo derecho?

ROSA.   ¡No, señora! ¡Soy mayor de edad!

PACA.   ¿Y quién te mantiene? ¡Golfa, más que golfa!

ROSA.   ¡No insulte!

PACA.   (*Metiéndola de un empellón.*) ¡Anda para adentro! (*A Pepe, que optó desde el principio por bajar un par de peldaños.*) ¡Y tú, chulo indecente! ¡Si te vuelvo a ver con mi niña, te abro la cabeza de un sartenazo! ¡Como me llamo Paca!*

PEPE.   Ya será menos.*   400

PACA.   ¡Aire! ¡Aire! ¡A escupir a la calle!* (*Cierra con ímpetu. Pepe baja sonriendo con suficiencia. Va a pasar de largo, pero Urbano le detiene por la manga.*)

URBANO.   No tengas prisa.

PEPE.   (*Volviéndose con saña.*) ¡Muy bien! ¡Dos contra uno!

FERNANDO.   (*Presuroso.*) No, no, Pepe. (*Con sonrisa servil.*) Yo no intervengo; no es asunto mío.

URBANO.   No. Es mío.

PEPE.   Bueno, suelta. ¿Qué quieres?   410

URBANO.   (*Reprimiendo su ira y sin soltarle.*) Decirte nada más que si la tonta de mi hermana no te conoce, yo, sí. Que si ella no quiere creer que has estado viviendo de la Luisa y de la Pili,* después de lanzarlas a la vida, yo sé que es cierto. ¡Y que como vuelva a verte con Rosa, te juro por tu madre que te tiro por el hueco de la escalera!

(*Lo suelta con violencia.*) Puedes largarte. (*Le vuelve la espalda.*)

PEPE. Será si quiero. ¡Estos mocosos! (*Alisándose la manga.*) ¡Que no levantan dos palmos del suelo y quieren medirse con hombres! Si no mirara . . .* 420

(*Urbano no le hace caso. Fernando interviene, aplacador.*)

FERNANDO. Déjalo, Pepe. No te . . . alteres. Mejor será que te marches.

PEPE. Sí. Mejor será. (*Inicia la marcha y se vuelve.*) El mocoso indecente, que cree que me va a meter miedo a mí . . . (*Baja protestando.*) Un día me voy a liar a mamporros y le demostraré lo que es un hombre . . .

FERNANDO. No sé por qué te gusta tanto chillar y amenazar. 430

URBANO. (*Seco.*) Eso va en gustos. Tampoco me agrada a mí que te muestres tan amable con un sinvergüenza como ése.

FERNANDO. Prefiero eso a lanzar amenazas que luego no se cumplen.

URBANO. ¿Que no se cumplen?

FERNANDO. ¡Qué van a cumplirse! Cualquier día tiras tú a nadie por el hueco de la escalera. ¿Todavía no te has dado cuenta de que eres un ser inofensivo? (*Pausa.*) 440

URBANO. ¡No sé cómo nos las arreglamos tú y yo* para discutir siempre! Me voy a comer. Abur.

FERNANDO. (*Contento por su pequeña revancha.*) ¡Hasta luego, sindicalista!

(*Urbano sube y llama en el III.* PACA *abre.*)

PACA. Hola, hijo. ¿Traes hambre?

URBANO. ¡Más que un lobo! (*Entra y cierra. Fernando*

C

se recuesta en la barandilla y mira por el hueco. Con un repentino gesto de desagrado, se retira al 'casinillo' y mira por la ventana, fingiendo distracción. Pausa. DON 450 MANUEL *y* ELVIRA *suben. Ella aprieta el brazo de su padre en cuanto ve a Fernando. Se detienen un momento; luego continúan.*)

DON MANUEL. (*Mirando socarronamente a Elvira, que está muy turbada.*) Adiós,* Fernandito.

FERNANDO. (*Se vuelve con desgana. Sin mirar a Elvira.*) Buenos días.

DON MANUEL. ¿De vuelta del trabajo?

FERNANDO. (*Vacilante.*) Sí, señor.

DON MANUEL. Está bien, hombre. (*Intenta seguir.* 460 *Pero Elvira lo retiene tenazmente, indicándole que hable ahora a Fernando. A regañadientes, termina el padre por acceder.*) Un día de éstos tengo que decirle unas cosillas.

FERNANDO. Cuando usted disponga.

DON MANUEL. Bien, bien. No hay prisa; ya le avisaré. Hasta luego. Recuerdos a su madre.

FERNANDO. Muchas gracias. Ustedes sigan bien.

(*Suben. Elvira se vuelve con frecuencia para mirarle. Él está de espaldas. Don Manuel abre el II con su llave y entran. Fernando hace un mal gesto y se apoya en el pasamanos.* 470 *Pausa.* GENEROSA *sube. Fernando la saluda muy sonriente.*)

FERNANDO. Buenos días.

GENEROSA. Hola, hijo. ¿Quieres comer?*

FERNANDO. Gracias, que aproveche. ¿Y el señor Gregorio?

GENEROSA. Muy disgustado, hijo. Como lo retiran por la edad . . . Y es lo que él dice: ¿De qué sirve que un hombre se deje los huesos* conduciendo un tranvía

durante cincuenta años, si luego le ponen en la calle?
Y si le dieran un buen retiro . . . Pero es una miseria, 480
hijo, una miseria.   ¡Y a mi Pepe no hay quien lo encarrile!
(*Pausa.*)   ¡Qué vida!   No sé cómo vamos a salir adelante.

FERNANDO.   Lleva usted razón.   Menos mal* que
Carmina . . .

GENEROSA.   Carmina es nuestra única alegría.   Es buena,
trabajadora, limpia . . . Si mi Pepe fuese como ella . . .

FERNANDO.   No me haga mucho caso,* pero creo que
Carmina la buscaba antes.

GENEROSA.   Sí.   Es que se me había olvidado la
cacharra de la leche.   Ya la he visto.   Ahora sube ella. 490
Hasta luego, hijo.

FERNANDO.   Hasta luego.

(*Generosa sube, abre su puerta y entra.   Pausa.* ELVIRA
*sale sin hacer ruido al descansillo, dejando su puerta entor-
nada.   Se apoya en la barandilla.   Él finge no verla.   Ella
le llama por encima del hueco.*)

ELVIRA.   Fernando . . .

FERNANDO.   ¡Hola!

ELVIRA.   ¿Podrías acompañarme hoy a comprar un
libro?   Tengo que hacer un regalo, y he pensado que tú 500
me ayudarías muy bien a escoger.

FERNANDO.   No sé si podré.   (*Pausa.*)

ELVIRA.   Procúralo, por favor.   Sin ti no sabré hacerlo.
Y tengo que darlo mañana.

FERNANDO.   A pesar de eso, no puedo prometerte
nada.   (*Ella hace un gesto de contrariedad.*)   Mejor dicho:
casi seguro que no podrás contar conmigo.   (*Sigue mirando
por el hueco.*)

ELVIRA.   (*Molesta y sonriente.*)   ¡Qué caro te cotizas!

(*Pausa.*)   Mírame un poco, por lo menos.   No creo que 510
cueste mucho trabajo mirarme . . . (*Pausa.*)   ¿Eh?

FERNANDO.   (*Levantando la vista.*)   ¿Qué?

ELVIRA.   Pero ¿no me escuchabas?   ¿O es que no
quieres enterarte. de lo que te digo?

FERNANDO.   (*Volviéndole la espalda.*)   Déjame en paz.

ELVIRA.   (*Resentida.*)   ¡Ah!   ¡Qué poco te cuesta
humillar a los demás!   ¡Es muy fácil . . . y muy cruel
humillar a los demás!   Te aprovechas de que te estiman
demasiado para devolverte la humillación . . . , pero
podría hacerse . . .   520

FERNANDO.   (*Volviéndose, furioso.*)   ¡Explica eso!

ELVIRA.   Es muy fácil presumir y despreciar a quien
nos quiere, a quien está dispuesto a ayudarnos . . . A
quien nos ayuda ya . . . Es muy fácil olvidar esas
ayudas . . .

FERNANDO.   (*Iracundo.*)   ¿Cómo te atreves a echarme
en cara tu propia ordinariez?   ¡No puedo sufrirte! ¡Vete!

ELVIRA.   (*Arrepentida.*)   ¡Fernando, perdóname, por
Dios!   Es que . . .

FERNANDO.   ¡Vete!   ¡No puedo soportarte!   No puedo 530
resistir vuestros favores ni vuestra estupidez.   ¡Vete!
(*Ella ha ido retrocediendo muy afectada.   Se entra, llorosa
y sin poder reprimir apenas sus nervios.   Fernando, muy
alterado también, saca un cigarrillo.   Al tiempo de tirar la
cerilla:*)   ¡Qué vergüenza! (*Se vuelve al 'casinillo'.
Pausa.* PACA *sale de su casa y llama en el I.* GENEROSA
abre.)

PACA.   A ver si me podía* usted dar un poco de sal.

GENEROSA.   ¿De mesa, o de la gorda?

PACA.   De la gorda.   Es para el guisado.   (*Generosa* 540

se mete. Paca, alzando la voz.) Un puñadito nada más...
(*Generosa vuelve con un papelillo.*) Gracias, mujer.

GENEROSA. De nada.

PACA. ¿Cuánta luz ha pagado este mes?

GENEROSA. Dos sesenta. ¡Un disparate! Y eso que*
procuro encender lo menos posible... Pero nunca
consigo quedarme en las dos pesetas.

PACA. No se queje. Yo he pagado cuatro diez.

GENEROSA. Ustedes tienen una habitación más y son
más que nosotros.   550

PACA. ¡Y qué!* Mi alcoba no la enciendo nunca.
Juan y yo nos acostamos a oscuras. A nuestra edad,
para lo que hay que ver...

GENEROSA. ¡Jesús!

PACA. ¿He dicho algo malo?

GENEROSA. (*Riendo débilmente.*) No, mujer, pero...
¡qué boca, Paca!

PACA. ¿Y para qué sirve la boca, digo yo? Pues para
usarla.

GENEROSA. Para usarla bien, mujer.   560

PACA. No he insultado a nadie.

GENEROSA. Aun así...

PACA. Mire, Generosa: usted tiene muy poco arranque.
¡Eso es! No se atreve ni a murmurar.

GENEROSA. ¡El Señor me perdone! Aún murmuro
demasiado.

PACA. ¡Si es la sal de la vida! (*Con misterio.*) A
propósito: ¿sabe usted que don Manuel le ha pagado la
luz a doña Asunción?

(*Fernando, con creciente expresión de disgusto, no pierde* 570
palabra.)

GENEROSA.   Ya me lo ha dicho Trini.

PACA.   ¡Vaya con Trini!*   ¡Ya podía haberse tragado la lengua!   (*Cambiando el tono.*)   Y, para mí,* que fue Elvirita quien se lo pidió a su padre.

GENEROSA.   No es la primera vez que les hacen favores de ésos.*

PACA.   Pero quien lo provocó en realidad fue doña Asunción.

GENEROSA.   ¿Ella?   580

PACA.   ¡Pues claro!   (*Imitando la voz.*)   "Lo siento, cobrador, no puedo ahora.   Buenos días, don Manuel! ¡Dios mío, cobrador, si no puedo!   ¡Hola, Elvirita, qué guapa estás!"   ¡A ver si no lo estaba pidiendo descaradamente!

GENEROSA.   Es usted muy mal pensada.

PACA.   ¿Mal pensada?   ¡Si yo no lo censuro!   ¿Qué va a hacer una mujer como ésa, con setenta y cinco pesetas de pensión y un hijo que no da golpe?*

GENEROSA.   Fernando trabaja.   590

PACA.   ¿Y qué gana?   ¡Una miseria!   Entre el carbón, la comida y la casa se les va todo.   Además, que le descuentan muchos días de sueldo.   Y puede que lo echen de la papelería.

GENEROSA.   ¡Pobre chico!   ¿Por qué?

PACA.   Porque no va nunca.   Para mí que ése lo que busca es pescar a Elvirita . . . y los cuartos de su padre.

GENEROSA.   ¿No será al revés?

PACA.   ¡Qué va!*   Es que ese niño sabe mucha táctica, y se hace querer.   ¡Como es tan guapo!   Porque lo es; 600 eso no hay que negárselo.

GENEROSA.   (*Se asoma al hueco de la escalera y vuelve.*)

Y Carmina sin venir . . . Oiga, Paca: ¿es verdad que don
Manuel tiene dinero?

PACA. Mujer, ya sabe usted que era oficinista. Pero
con la agencia esa que ha montado, se está forrando el
riñón.* Como tiene tantas relaciones y sabe tanta
triquiñuela . . .

GENEROSA. ¿Y una agencia, qué es?

PACA. Un sacaperras. Para sacar permisos, certifi- 610
cados . . . ¡Negocios! Bueno, y me voy, que se hace
tarde. (*Inicia la marcha y se detiene.*) ¿Y el señor
Gregorio, cómo va?

GENEROSA. Muy disgustado, el pobre. Como lo retiran
por la edad . . . Y es lo que él dice: ¿De qué sirve que
un hombre se deje los huesos durante cincuenta años
conduciendo un tranvía, si luego le ponen en la calle?
Y el retiro es una miseria, Paca. Ya lo sabe usted.
¡Qué vida, Dios mío! No sé cómo vamos a salir adelante.
Y mi Pepe, que no ayuda nada . . .   620

PACA. Su Pepe es un granuja. Perdone que se lo diga,
pero usted ya lo sabe. Ya le he dicho antes que no quiero
volver a verle con mi Rosa.

GENEROSA. (*Humillada.*) Lleva usted razón. ¡Pobre
hijo mío!

PACA. ¿Pobre? Como Rosita. Otra que tal.* A mí
no me duelen prendas.* ¡Pobres de nosotras, Generosa,
pobres de nosotras! ¿Qué hemos hecho para este
castigo? ¿Lo sabe usted?

GENEROSA. Como no sea sufrir por ellos . . .*   630

PACA. Eso. Sufrir, y nada más. ¡Qué asco de vida!
Hasta luego, Generosa. Y gracias.

GENEROSA. Hasta luego.

(*Ambas se meten y cierran.   Fernando, abrumado, llega a recostarse en la barandilla.   Pausa.   Repentinamente se endereza y espera, de cara al público.*   CARMINA *sube con la cacharra.   Sus miradas se cruzan.   Ella intenta pasar, con los ojos bajos.   Fernando la detiene por un brazo.*)

FERNANDO.   Carmina.

CARMINA.   Déjeme . . .   640

FERNANDO.   No, Carmina.   Me huyes constantemente, y esta vez tienes que escucharme.

CARMINA.   Por favor, Fernando . . . ¡Suélteme!

FERNANDO.   Cuando éramos chicos nos tuteábamos... ¿Por qué no me tuteas ahora?   (*Pausa.*)   ¿Ya no te acuerdas de aquel tiempo?   Yo era tu novio y tú eras mi novia . . . Mi novia . . . Y nos sentábamos aquí (*señalando a los peldaños*), en ese escalón, cansados de jugar..., a seguir jugando a los novios.

CARMINA.   Cállese.   650

FERNANDO.   Entonces me tuteabas y . . . me querías.

CARMINA.   Era una niña . . . Ya no me acuerdo.

FERNANDO.   Eras una mujercita preciosa.   Y sigues siéndolo.   Y no puedes haber olvidado.   ¡Yo no he olvidado!   Carmina, aquel tiempo es el único recuerdo maravilloso que conservo en medio de la sordidez en que vivimos.   Y quería decirte . . . que siempre . . . has sido para mí lo que eras antes.

CARMINA.   ¡No te burles de mí!

FERNANDO.   ¡Te lo juro!   660

CARMINA.   ¿Y todas . . . ésas con quien has paseado y . . . que has besado?

FERNANDO.   Tienes razón.   Comprendo que no me creas.*   Pero un hombre . . . Es muy difícil de explicar.

A ti, precisamente, no podía hablarte . . ., ni besarte . . .
¡Porque te quería, te quería y te quiero!

CARMINA. No puedo creerte. (*Intenta marcharse.*)

FERNANDO. No. no. Te lo suplico. No te marches.
Es preciso que me oigas . . . y que me creas. Ven. (*La
lleva al primer peldaño.*) Como entonces. (*Con un ligero* 670
*forcejeo la obliga a sentarse contra la pared y se sienta a su
lado. Le quita la lechera y la deja junto a él. Le coge
una mano.*)

CARMINA. ¡Si nos ven!

FERNANDO. ¡Qué nos importa! Carmina, por favor,
créeme. No puedo vivir sin ti. Estoy desesperado.
Me ahoga la ordinariez que nos rodea. Necesito que me
quieras y que me consueles. Si no me ayudas, no podré
salir adelante.

CARMINA. ¿Por qué no se lo pides a Elvira? 680

(*Pausa. Él la mira, excitado y alegre.*)

FERNANDO. ¡Me quieres! ¡Lo sabía! ¡Tenías que
quererme! (*Le levanta la cabeza. Ella sonríe involun-
tariamente.*) ¡Carmina, mi Carmina! (*Va a besarla, pero
ella le detiene.*)

CARMINA. ¿Y Elvira?

FERNANDO. ¡La detesto! Quiere cazarme con su
dinero. ¡No la puedo ver!*

CARMINA. (*Con una risita.*) ¡Yo tampoco!

(*Ríen, felices.*) 690

FERNANDO. Ahora tendría que preguntarte yo: ¿Y
Urbano?

CARMINA. ¡Es un buen chico! ¡Yo estoy loca por él!
(*Fernando se enfurruña.*) ¡Tonto!

FERNANDO. (*Abrazándola por el talle.*) Carmina, desde

mañana voy a trabajar de firme por ti. Quiero salir de esta pobreza, de este sucio ambiente. Salir y sacarte a ti. Dejar para siempre los chismorreos, las broncas entre vecinos . . . Acabar con la angustia del dinero escaso, de los favores que abochornan como una bofetada, 700 de los padres que nos abruman con su torpeza y su cariño servil, irracional . . .

CARMINA. (*Represiva.*) ¡Fernando!

FERNANDO. Sí. Acabar con todo esto. ¡Ayúdame tú! Escucha: voy a estudiar mucho, ¿sabes? Mucho. Primero me haré delineante. ¡Eso es fácil! En un año . . . Como para entonces* ya ganaré bastante, estudiaré para aparejador. Tres años. ¡Dentro de cuatro años seré un aparejador solicitado por todos los arquitectos! Ganaré mucho dinero. Por entonces tú 710 serás ya mi mujercita, y viviremos en otro barrio, en un pisito* limpio y tranquilo. Yo seguiré estudiando. ¿Quién sabe? Puede que para entonces me haga ingeniero. Y como una cosa no es incompatible con la otra, publicaré un libro de poesías, un libro que tendrá mucho éxito . . .

CARMINA. (*Que le ha escuchado extasiada.*) ¡Qué felices seremos!

FERNANDO. ¡Carmina! (*Se inclina para besarla y da un golpe con el pie a la lechera, que se derrama estrepito-* 720 *samente. Temblorosos, se levantan los dos y miran asombrados la gran mancha blanca en el suelo.*)

TELÓN

ACTO SEGUNDO

Han transcurrido diez años que no se notan en nada: la escalera sigue sucia y pobre, las puertas sin timbre, los cristales de la ventana sin lavar.

Al comenzar el acto, se encuentran en escena GENEROSA, CARMINA, PACA, TRINI *y el* SEÑOR JUAN.* *Este es un viejo alto y escuálido, de aire quijotesco,* que cultiva unos anacrónicos bigotes lacios. El tiempo transcurrido se advierte en los demás: Paca y Generosa han encanecido mucho. Trini es ya una mujer madura, aunque airosa. Carmina conserva todavía su belleza: una belleza que empieza a marchitarse. Todos siguen pobremente vestidos, aunque con trajes más modernos. Las puertas I y III están abiertas de par en par. Las II y IV, cerradas.*

Todos los presentes se encuentran apoyados en el pasamanos, mirando por el hueco. Generosa y Carmina están llorando; la hija rodea con un brazo la espalda de su madre. A poco, Generosa baja el tramo y sigue mirando desde el primer rellano. Carmina la sigue después.

CARMINA. Ande, madre . . . * (*Generosa la aparta sin dejar de mirar a través de sus lágrimas.*) Ande . . . (*Ella mira también. Sollozan de nuevo y se abrazan a medias sin dejar de mirar.*)

GENEROSA. Ya llegan al portal . . . (*Pausa.*) Casi no se le ve . . .

SEÑOR JUAN.   (*Arriba, a su mujer.*)   ¡Cómo sudaban!
Se conoce que pesa mucho.

(*Paca le hace señas de que calle.*)

GENEROSA.   (*Abrazada a su hija.*)   Solas, hija mía. 10
¡Solas!   (*Pausa. De pronto se desase y sube lo más aprisa que
puede la escalera.   Carmina la sigue.   Al tiempo que suben.*)
Déjeme mirar por su balcón, Paca.   ¡Déjeme mirar!

PACA.   Sí, mujer.

(*Generosa entra presurosa en el III.   Tras ella, Carmina
y Paca.*)

TRINI.   (*A su padre, que se recuesta en la barandilla,
pensativo.*)   ¿No entra, padre?

SEÑOR JUAN.   No, hija.   ¿Para qué?   Ya he visto
arrancar muchos coches fúnebres en esta vida.   (*Pausa.*) 20
¿Te acuerdas del de doña Asunción?   Fue un entierro
de primera,* con caja de terciopelo . . .

TRINI.   Dicen que lo pagó don Manuel.

SEÑOR JUAN.   Es muy posible.   Aunque el entierro
de don Manuel fue menos lujoso.

TRINI.   Es que ése lo pagaron los hijos.

SEÑOR JUAN.   Claro . . . (*Pausa.*)   Y ahora, Gregorio.
No sé cómo ha podido durar estos diez años.   Desde la
jubilación no levantó cabeza.   (*Pausa.*)   ¡A todos nos
llegará la hora!
30
TRINI.   (*Juntándosele.*)   ¡Padre, no diga eso!

SEÑOR JUAN.   ¡Si* es la verdad, hija!   Y quizá muy
pronto.

TRINI.   No piense en esas cosas.   Usted está muy bien
todavía . . .

SEÑOR JUAN.   No lo creas.   Eso es por fuera.   Por
dentro . . . me duelen muchas cosas.   (*Se acerca, como*

*al descuido, a la puerta IV. Mira a Trini. Señala
tímidamente a la puerta.*) Esto. Esto me matará.

TRINI. (*Acercándose.*) No, padre. Rosita es buena... 40

SEÑOR JUAN. (*Separándose de nuevo y con triste
sonrisa.*) ¡Buena! (*Se asoma a su casa. Suspira. Pasa
junto al II y escucha un momento.*) Estos no han chistado.

TRINI. No.

(*El padre se detiene después ante la puerta I. Apoya las
manos en el marco y mira al interior, vacío.*)

SEÑOR JUAN. ¡Ya no jugaremos más a las cartas,
viejo amigo!

TRINI. (*Que se aproxima, entristecida, y tira de él.*)
Vamos adentro, padre. 50

SEÑOR JUAN. Se quedan con el día y la noche . . .*
Con el día y la noche. (*Mirando al I.*) Con un hijo que
es un bandido . . .

TRINI. Padre, deje eso. (*Pausa.*)

SEÑOR JUAN. Ya nos llegará a todos.

(*Ella mueve la cabeza, desaprobando.* GENEROSA,
rendida, sale del III llevando a los lados a PACA *y a*
CARMINA.)

PACA. ¡Ea!* No hay que llorar más. Ahora, a
vivir. A salir adelante. 60

GENEROSA. No tengo fuerzas . . .

PACA. ¡Pues se inventan! No faltaba más.

GENEROSA. ¡Era tan bueno mi Gregorio!

PACA. Todos nos tenemos que morir. Es ley de vida.

GENEROSA. Mi Gregorio . . .

PACA. Hala.* Ahora barremos entre las dos la casa.
Y mi Trini irá luego por la compra y hará la comida.
¿Me oyes, Trini?

TRINI. Sí, madre.

GENEROSA. Yo me moriré pronto también.   70

CARMINA. ¡Madre!

PACA. ¿Quién piensa en morir?*

GENEROSA. Sólo quisiera dejar a esta hija . . . con un hombre de bien . . . , antes de morirme.

PACA. ¡Mejor sin morirse!

GENEROSA. ¡Para qué . . .!

PACA. ¡Para tener nietos, alma mía! ¿No le gustaría tener nietos? (*Pausa.*)

GENEROSA. ¡Mi Gregorio! . . .

PACA. Bueno. Se acabó.* Vamos adentro. ¿Pasas,   80 Juan?

SEÑOR JUAN. Luego entraré un ratito. ¡Lo dicho, Generosa! ¡Y a tener ánimo! (*La abraza.*)

GENEROSA. Gracias . . .

(*El señor Juan y Trini entran en su casa y cierran. Generosa, Paca y Carmina se dirigen al I.*)

GENEROSA. (*Antes de entrar.*) ¿Qué va a ser de nosotros, Dios mío? ¿Y de esta niña? ¡Ay, Paca! ¿Qué va a ser de mi Carmina?

CARMINA. No se apure, madre.   90

PACA. Claro que no. Ya saldremos todos adelante. Nunca os faltarán buenos amigos.

GENEROSA. Todos sois muy buenos.

PACA. ¡Qué buenos ni qué . . . peinetas! ¡Me dan ganas de darle azotes como a un crío!*

(*Se meten. La escalera queda sola. Pausa. Se abre el II cautelosamente y aparece* FERNANDO. *Los años han dado a su aspecto un tinte vulgar. Espía el descansillo y sale después diciendo hacia adentro:*)

FERNANDO. Puedes salir. No hay nadie. 100

(*Entonces sale* ELVIRA, *con un niño de pecho en los brazos.*
Fernando y Elvira visten con modestia. Ella se mantiene
hermosa, pero su cara no guarda nada de la antigua
vivacidad.)

ELVIRA. ¿En qué quedamos?* Esto es vergonzoso.
¿Les damos o no les damos el pésame?

FERNANDO. Ahora no. En la calle lo decidiremos.

ELVIRA. ¡Lo decidiremos! Tendré que decidir yo,
como siempre. Cuando tú te pones a decidir, nunca
hacemos nada. (*Fernando calla, con la expresión hosca.* 110
Inician la bajada.) ¡Decidir! ¿Cuándo vas a decidirte
a ganar más dinero? Ya ves que así no podemos vivir.
(*Pausa.*) ¡Claro, el señor contaba con el suegro! Pues el
suegro se acabó, hijo. Y no se te acaba la mujer, no sé
por qué.

FERNANDO. ¡Elvira!

ELVIRA. ¡Sí, enfádate porque te dicen las verdades!
Eso sabrás hacer: enfadarte y nada más. Tú ibas a ser
aparejador, ingeniero y hasta diputado. ¡Je!* Ese era
el cuento que colocabas a todas.* ¡Tonta de mí, que 120
también te hice caso! Si hubiera sabido lo que me
llevaba . . . Se hubiera sabido que no eras más que un
niño mimado . . . La idiota de tu madre no supo hacer
otra cosa que eso: mimarte.

FERNANDO. (*Deteniéndose.*) ¡Elvira, no te consiento
que hables así de mi madre! ¿Me entiendes?

ELVIRA. (*Con ira.*) ¡Tú me has enseñado! ¡Tú eras
el que hablaba mal de ella!

FERNANDO. (*Entre dientes.*) Siempre has sido una
niña caprichosa y sin educación. 130

ELVIRA. ¿Caprichosa? ¡Sólo tuve un capricho! ¡Uno solo! Y . . .

(*Fernando la tira del vestido para avisarla de la presencia de* PEPE, *que sube. El aspecto de Pepe denota que lucha victoriosamente contra los años para mantener su prestancia.*)

PEPE. (*Al pasar.*) Buenos días.

FERNANDO. Buenos días.

ELVIRA. Buenos días.

(*Bajan. Pepe mira hacia el hueco con placer. Después* 140 *sube, monologando.*)

PEPE. Se conserva, se conserva la mocita. (*Se dirige al IV, pero luego mira al I, su antigua casa, y se acerca. Tras un segundo de vacilación ante la puerta, vuelve decididamente al IV y llama. Le abre* ROSA, *que ha adelgazado y empalidecido.*)

ROSA. (*Con acritud.*) ¿A qué vienes?*

PEPE. A comer, princesa.

ROSA. A comer, ¿eh?* Toda la noche emborrachándote con mujeres y a la hora de comer, a casita, a 150 ver lo que Rosa ha podido apañar por ahí.

PEPE. No te enfades, gatita.

ROSA. ¡Sinvergüenza! ¡Perdido! ¿Y el dinero? ¿Y el dinero para comer? ¿Tú te crees que se puede poner el puchero sin tener cuartos?

PEPE. Mira, niña, ya me estás cansando. Ya te he dicho que la obligación de traer dinero a casa es tan tuya como mía.

ROSA. ¿Y te atreves? . . .

PEPE. Déjate de romanticismos. Si me vienes con 160 pegas y con líos, me marcharé. Ya lo sabes. (*Ella se*

echa a llorar y le cierra la puerta. Él se queda, diverti-
damente perplejo, frente a ésta. TRINI *sale del III con un*
capacho. Pepe se vuelve.) Hola, Trini.

TRINI. (*Sin dejar de andar.*) Hola.

PEPE. Estás cada día más guapa . . . Mejoras con
los años, como el vino.

TRINI. (*Volviéndose de pronto.*) Si te has creído que
soy tan tonta como Rosa, te equivocas.

PEPE. No te pongas así, pichón.* 170

TRINI. ¿No te da vergüenza haber estado haciendo el
golfo mientras tu padre se moría? ¿No te has dado
cuenta de que tu madre y tu hermana están ahí (*señala
al I*), llorando todavía porque hoy le dan tierra?* Y
ahora ¿qué van a hacer? Matarse a coser, ¿verdad?
(*Él se encoge de hombros.*) A ti no importa nada. ¡Puah!
Me das asco.

PEPE. Siempre estáis pensando en el dinero. ¡Las
mujeres no sabéis más que pedir dinero!

TRINI. Y tú no sabes más que sacárselo a las mujeres. 180
¡Porque eres un chulo despreciable!

PEPE. (*Sonriendo.*) Bueno, pichón, no te enfades.
¡Cómo te pones por un piropo!

(URBANO, *que viene con su ropita de paseo, se ha parado
al escuchar las últimas palabras y sube rabioso mientras va
diciendo:*)

URBANO. ¡Ese piropo y otros muchos te los vas a
tragar ahora mismo! (*Llega a él y le agarra por las
solapas, zarandeándole.*) ¡No quiero verte molestar a
Trini! ¿Me oyes? 190

PEPE. Urbano, que no es para tanto . . .*

URBANO. ¡Canalla! ¿Qué quieres? ¿Perderla a ella

D

también? ¡Granuja! (*Le inclina sobre la barandilla.*)
¡Que no has valido ni para venir a presidir el duelo de tu
padre! ¡Un día te tiro! ¡Te tiro!

(*Sale* ROSA *desalada del IV para interponerse. Intenta
separarlos y golpea a Urbano para que suelte.*)

ROSA.   ¡Déjale! ¡Tú no tienes que pegarle!*

TRINI.   (*Con mansedumbre.*) Urbano tiene razón . . .
Que no se meta conmigo.*   200

ROSA.   ¡Cállate tú, mosquita muerta!

TRINI.   (*Dolida.*) ¡Rosa!

ROSA.   (*A Urbano.*) ¡Déjale, te digo!

URBANO.   (*Sin soltar a Pepe.*) ¡Todavía le defiendes,
imbécil!

PEPE.   ¡Sin insultar!

URBANO.   (*Sin hacerle caso.*) Venir a perderte por un
guiñapo como éste . . . Por un golfo . . . Un cobarde.

PEPE.   Urbano, esas palabras . . .

URBANO.   ¡Cállate!   210

ROSA.   ¿Y a ti qué te importa? ¿Me meto yo en tus
asuntos? ¿Me meto en si rondas a Fulanita o te soplan
a Menganita?* Más vale cargar con Pepe que querer
cargar con quien no quiere nadie . . .

URBANO.   ¡Rosa!

(*Se abre el III y sale el* SEÑOR JUAN, *enloquecido.*)

SEÑOR JUAN.   ¡Callad! ¡Callad ya! ¡Me vais a matar!
Sí, me moriré. ¡Me moriré como Gregorio!

TRINI.   (*Se abalanza a él gritando.*) ¡Padre, no!

SEÑOR JUAN.   (*Apartándola.*) ¡Déjame! (*A Pepe.*)   220
¿Por qué no te la llevaste a otra casa? ¡Teníais que
quedaros aquí para acabar de amargarnos la vida!

TRINI.   ¡Calle, padre!

SEÑOR JUAN. Sí. Mejor es callar. (*A Urbano.*) Y tú: suelta ese trapo.

URBANO. (*Lanzando a Pepe sobre Rosa.*) Anda. Carga con él.

(PACA *sale del I y cierra.*)

PACA. ¿Qué bronca es ésta? ¿No sabéis que ha habido un muerto aquí? ¡Brutos! 230

URBANO. Madre tiene razón. No tenemos ningún respeto por el duelo de esas pobres.

PACA. ¡Claro que tengo razón! (*A Trini.*) ¿Qué haces aquí todavía? ¡Anda a la compra! (*Trini agacha la cabeza y baja la escalera. Paca interpela a su marido.*) ¿Y tú qué tienes que ver ni mezclarte con esta basura? (*Por Pepe y Rosa. Ésta, al sentirse aludida por su madre, entra en el IV y cierra de golpe.*) ¡Vamos adentro! (*Lleva al señor Juan a su puerta. Desde allí, a Urbano.*) ¿Se acabó ya el entierro? 240

URBANO. Sí, madre.

PACA. ¿Pues por qué no vas a decirlo?

URBANO. Ahora mismo.

(*Pepe empieza a bajar componiéndose el traje. Paca y el señor Juan se meten y cierran.*)

PEPE. (*Ya en el primer rellano, mirando a Urbano de reojo.*) ¡Llamarme cobarde a mí, cuando si no me enredo a golpes es por el asco que me dan! ¡Cobarde a mí! (*Pausa.*) ¡Peste de vecinos! Ni tienen educación, ni saben tratar a la gente, ni . . . (*Se va murmurando.* 250 *Pausa. Urbano se encamina hacia el I. Antes de llegar, abre* CARMINA, *que lleva un capacho en la mano. Cierra y se enfrentan. Un silencio.*)

CARMINA. ¿Terminó el . . . ?

URBANO. Sí.

CARMINA. (*Enjugándose una lágrima.*) Muchas gracias, Urbano. Has sido muy bueno con nosotras.

URBANO. (*Balbuciente.*) No tiene importancia. Ya sabes que yo . . ., que nosotros . . ., estamos dispuestos . . . 260

CARMINA. Gracias. Lo sé. (*Pausa. Baja la escalera con él a su lado.*)

URBANO. ¿Vas . . ., vas a la compra?

CARMINA. Sí.

URBANO. Déjalo. Luego irá Trini. No os molestéis vosotras por nada.

CARMINA. Iba a ir ella, pero se le habrá olvidado. (*Pausa.*)

URBANO. (*Parándose.*) Carmina . . .

CARMINA. ¿Qué? 270

URBANO. ¿Puedo preguntarte . . . qué vais a hacer ahora?

CARMINA. No lo sé . . . Coseremos.

URBANO. ¿Podréis salir adelante?

CARMINA. No lo sé.

URBANO. La pensión de tu padre no era mucho, pero sin ella . . .

CARMINA. Calla, por favor.

URBANO. Dispensa . . . He hecho mal en recordártelo.

CARMINA. No es eso. (*Intenta seguir.*) 280

URBANO. (*Interponiéndose.*) Carmina, yo . . .

CARMINA. (*Atajándole rápida.*) Tú eres muy bueno. Muy bueno. Has hecho todo lo posible por nosotras. Te lo agradezco mucho.

URBANO. Eso no es nada. Aún quisiera hacer mucho más.

CARMINA. Ya habéis hecho bastante. Gracias de todos modos. (*Se dispone a seguir.*)

URBANO. ¡Espera, por favor! (*Llevándola al 'casinillo'.*) Carmina, yo . . . yo te quiero. (*Ella sonríe tristemente.*) Te quiero hace muchos años, tú lo sabes. 290 Perdona que te lo diga hoy; soy un bruto. Es que no quisiera verte pasar privaciones ni un solo día. Ni a ti ni a tu madre. Me harías muy feliz si . . . si me dijeras... que puedo esperar. (*Pausa. Ella baja la vista.*) Ya sé que no me quieres. No me extraña, porque yo no valgo nada. Soy muy poco para ti. Pero yo procuraría hacerte dichosa. (*Pausa.*) No me contestas . . .

CARMINA. Yo . . . había pensado permanecer soltera.

URBANO. (*Inclinando la cabeza.*) Quizá continúas queriendo a algún otro . . . 300

CARMINA. (*Con disgusto.*) ¡No, no!

URBANO. Entonces, es que . . . te desagrada mi persona . . .

CARMINA. ¡Oh, no!

URBANO. Ya sé que no soy más que un obrero. No tengo cultura ni puedo aspirar a ser nada importante . . . Así es mejor. Así no tendré que sufrir ninguna decepción, como otros sufren.

CARMINA. Urbano, te pido que . . .

URBANO. Más vale ser un triste obrero que un señorito 310 inútil . . . Pero si tú me aceptas, yo subiré. ¡Subiré, sí! ¡Porque cuando te tenga a mi lado me sentiré lleno de energías para trabajar! ¡Para trabajar por ti! Y me perfeccionaré en la mecánica y ganaré más. (*Ella asiente tristemente, en silencio, traspasada por el recuerdo de un momento semejante.*) Viviríamos juntos; tu madre, tú

y yo.   Le daríamos a la vieja un poco de alegría en los
años que le quedasen de vida.   Y tú me harías feliz.
(*Pausa.*)   Acéptame, te lo suplico.

CARMINA.   ¡Eres muy bueno!   320

URBANO.   Carmina: te lo ruego.   Consiente en ser mi
novia.   Déjame ayudarte con ese título.

CARMINA.   (*Llora, refugiándose en sus brazos.*) ¡Gracias,
gracias!

URBANO.   (*Enajenado.*)   Entonces . . ., ¿sí?   (*Ella
asiente.*)   ¡Gracias yo a ti!   ¡No te merezco!

(*Quedan un momento abrazados.   Se separan con las
manos cogidas.   Ella le sonríe entre lágrimas.* PACA *sale
de su casa.   Echa una automática ojeada inquisitiva sobre
el rellano y le parece ver algo en el 'casinillo'.   Se acerca* 330
*al IV para ver mejor, asomándose a la barandilla, y los
reconoce.*)

PACA.   ¿Qué hacéis ahí?

URBANO.   (*Asomándose con Carmina.*)   Le estaba ex-
plicando a Carmina . . . el entierro.

PACA.   Bonita conversación.   (*A Carmina.*)   ¿Dónde
vas tú con el capacho?

CARMINA.   A la compra.

PACA.   ¿No ha ido Trini por ti?

CARMINA.   No . . .   340

PACA.   Se le habrá olvidado con la bronca.   Quédate
en casa, yo iré en tu lugar.   (*A Urbano, mientras empieza
a bajar.*)   Acompáñalas, anda.   (*Se detiene.   Fuerte :*)
¿No subís?   (*Ellos se apresuran a hacerlo.   Paca baja y
se cruza con la pareja en la escalera.   A Carmina, cogiéndole
el capacho :*)   Dame el capacho.   (*Sigue bajando.   Se
vuelve a mirarlos, y ellos la miran también desde la puerta,*

*confusos.   Carmina abre con su llave, entran y cierran.
Paca, con gesto expresivo :)*   ¡Je!   (*Cerca de la bajada, interpela por la barandilla a* TRINI, *que sube :)*   ¿Por qué no te 350
has llevado el capacho de Generosa?

TRINI.   (*Desde dentro.*)   Se me pasó.   A eso subía.*
(*Aparece con su capacho vacío.*)

PACA.   Trae el capacho.   Yo iré.   Ve con tu padre,
que tú sabes consolarle.

TRINI.   ¿Qué le pasa?*

PACA.   (*Suspirando.*)   Nada . . . Lo de Rosa.*   (*Vuelve
a suspirar.*)   Dame el dinero.   (*Trini le da unas monedas
y se dispone a seguir.   Paca, confidencial :)*   Oye: ¿sabes
que . . .?   (*Pausa.*).   360

TRINI.   (*Deteniéndose.*)   ¿Qué?

PACA.   Nada.   Hasta luego.   (*Se va.   Trini sube.   Antes
de llegar al segundo rellano sale de su casa el* SEÑOR JUAN,
que la ve cuando va a cerrar la puerta.)

TRINI.   ¿Dónde va usted?

SEÑOR JUAN.   A acompañar un poco a esas pobres
mujeres.   (*Pausa breve.*)   ¿No has hecho la compra?

TRINI.   (*Llegando a él.*)   Bajó madre a hacerla.

SEÑOR JUAN.   Ya.*   (*Se dirige al I, en tanto que ella se
dispone a entrar.   Luego se para y se vuelve.*)   ¿Viste cómo 370
defendía Rosita a ese bandido?

TRINI.   Sí, padre.   (*Pausa.*)

SEÑOR JUAN.   Es indignante . . . Me da vergüenza
que sea mi hija.

TRINI.   Rosita no es mala, padre.

SEÑOR JUAN.   ¡Calla!   ¿Qué sabes tú?   (*Con ira.*)
¡Ni mentármela siquiera!   ¡Y no quiero que la visites,
ni que hables con ella!   Rosita se terminó para nosotros . . .

¡Se terminó! (*Pausa.*) Debe de defenderse muy mal, ¿verdad?* (*Pausa.*) Aunque a mí no me importa nada. ₃₈₀

TRINI. (*Acercándose.*) Padre . . .

SEÑOR JUAN. ¿Qué?

TRINI. Ayer Rosita me dijo . . . que su mayor pena era el disgusto que usted tenía.

SEÑOR JUAN. ¡Hipócrita!

TRINI. Me lo dijo llorando, padre.

SEÑOR JUAN. Las mujeres siempre tienen las lágrimas a punto. (*Pausa.*) Y . . . ¿qué tal se defiende?*

TRINI. Muy mal. El sinvergüenza ese no gana y a ella le repugna . . . ganarlo de otro modo. ₃₉₀

SEÑOR JUAN. (*Dolorosamente.*) ¡No lo creo! ¡Esa golfa! . . . ¡Bah! ¡Es una golfa, una golfa!

TRINI. No, no, padre. Rosa es algo ligera, pero no ha llegado a eso. Se juntó con Pepe porque le quería . . . y aún le quiere. Y él siempre le está diciendo que debe ganarlo, y siempre le amenaza con dejarla. Y . . . la pega.

SEÑOR JUAN. ¡Canalla!

TRINI. Y Rosa no quiere que él la deje. Y tampoco quiere echarse a la vida . . .* Sufre mucho.

SEÑOR JUAN. ¡Todos sufrimos! ₄₀₀

TRINI. Y por eso, con lo poco que él la da alguna vez,* le va dando de comer. Y ella apenas come. Y no cena nunca. ¿No se ha fijado usted en lo delgada que se ha quedado?* (*Pausa.*)

SEÑOR JUAN. No.

TRINI. ¡Se ve en seguida! Y sufre porque él dice que está ya fea y . . . no viene casi nunca. (*Pausa.*) ¡La pobre Rosita terminará por echarse a la calle para que él no la abandone!

SEÑOR JUAN. (*Exaltado.*) ¿Pobre? ¡No la llames 410
pobre! Ella se lo ha buscado. (*Pausa. Va a marcharse y se para otra vez.*) Sufres mucho por ella,
¿verdad?

TRINI. Me da mucha pena, padre. (*Pausa.*)

SEÑOR JUAN. (*Con los ojos bajos.*) Mira, no quiero que
sufras por ella. Ella no me importa nada, ¿comprendes?
Nada. Pero tú, sí. Y no quiero verte con esa preocupación. ¿Me entiendes?

TRINI. Sí, padre.

SEÑOR JUAN. (*Turbado.*) Escucha. Ahí dentro tengo 420
unos durillos . . . * unos durillos ahorrados del café y
de las copas . . .

TRINI. ¡Padre!

SEÑOR JUAN. ¡Calla y déjame hablar! Como el café
y el vino no son buenos a la vejez . . ., pues los fui
guardando. A mí, Rosa no me importa nada. Pero si
te sirve de consuelo . . ., puedes dárselos.

TRINI. ¡Sí, sí, padre!

SEÑOR JUAN. De modo que voy a buscarlos.

TRINI. ¡Qué bueno es usted! 430

SEÑOR JUAN. (*Entrando.*) No, si lo hago por ti . . .*
(*Muy conmovida, Trini espera ansiosamente la vuelta de su
padre mientras lanza expresivas ojeadas al IV. El señor
Juan torna con unos billetes en la mano. Contándolos y sin
mirarla se los da.*) Ahí tienes.

TRINI. Sí, padre.

SEÑOR JUAN. (*Yendo hacia el I.*) Se los das, si
quieres.

TRINI. Sí, padre.

SEÑOR JUAN. Como cosa tuya, naturalmente. 440

TRINI.   Sí.

SEÑOR JUAN.   (*Después de llamar en el I, con falsa autoridad.*) ¡Y que no se entere tu madre de esto!

TRINI.   No, padre.   (URBANO *abre al señor Juan.*)

SEÑOR JUAN.   ¡Ah!   ¿Estás aquí?

URBANO.   Sí, padre.

(*El señor Juan entra y cierra.   Trini se vuelve llena de alegría y llama repetidas veces al IV.   Después se da cuenta de que su casa ha quedado abierta; la cierra y torna a llamar.   Pausa.*   ROSA *abre.*)   450

TRINI.   ¡Rosita!

ROSA.   Hola, Trini.

TRINI.   ¡Rosita!

ROSA.   Te agradezco que vengas.   Dispensa si antes te falté . . .*

TRINI.   ¡Eso no importa!

ROSA.   No me guardes rencor.   Ya comprendo que hago mal defendiendo así a Pepe, pero . . .

TRINI.   ¡Rosita!   ¡Padre me ha dado dinero para ti!

ROSA.   ¿Eh?   460

TRINI.   ¡Mira!   (*Le enseña los billetes.*)   ¡Toma!   ¡Son para ti!   (*Se los pone en la mano.*)

ROSA.   (*Casi llorando.*)   Trini, no . . . , no puede ser.

TRINI.   Sí puede ser . . . Padre te quiere . . .

ROSA.   No me engañes, Trini.   Ese dinero es tuyo.

TRINI.   ¿Mío?   No sé cómo.   ¡Me lo dio él!   ¡Ahora mismo me lo ha dado!   (*Rosa llora.*)   Escucha cómo fue. (*La empuja para adentro.*)   El te nombró primero . . . Dijo que . . .

(*Entran y cierran.   Pausa.*   ELVIRA *y* FERNANDO *suben.*   470 *Fernando lleva ahora al niño.   Discuten.*)

FERNANDO. Ahora entramos un minuto y les damos el pésame.

ELVIRA. Ya te he dicho que no.

FERNANDO. Pues antes querías.

ELVIRA. Y tú no querías.

FERNANDO. Sin embargo, es lo mejor. Compréndelo, mujer.

ELVIRA. Prefiero no entrar.

FERNANDO. Entraré yo solo entonces.   480

ELVIRA. ¡Tampoco! Eso es lo que tú quieres: ver a Carmina y decirle cositas y tonterías . . .

FERNANDO. Elvira, no te alteres. Entre Carmina y yo terminó todo hace mucho tiempo.

ELVIRA. No te molestes en fingir. ¿Crees que no me doy cuenta de las miraditas que le echas encima, y de cómo procuras hacerte el encontradizo con ella?*

FERNANDO. Fantasías.

ELVIRA. ¿Fantasías? La querías y la sigues queriendo.

FERNANDO. Elvira, sabes que yo te he . . .   490

ELVIRA. ¡A mí nunca me has querido! Te casaste por el dinero de papá.

FERNANDO. ¡Elvira!

ELVIRA. Y, sin embargo, valgo mucho más que ella.

FERNANDO. ¡Por favor! ¡Pueden escucharnos los vecinos!

ELVIRA. No me importa.

(*Llegan al descansillo.*)

FERNANDO. Te juro que Carmina y yo no . . .

ELVIRA. (*Dando pataditas en el suelo.*) ¡No me lo creo! 500 ¡Y eso se tiene que acabar! (*Se dirige a su casa, mas él se queda junto al I.*) ¡Abre!

FERNANDO.   Vamos a dar el pésame; no seas terca.

ELVIRA.   Que no, te digo.

(*Pausa. Él se aproxima.*)

FERNANDO.   Toma a Fernandito.   (*Se lo da y se dispone a abrir.*)

ELVIRA.   (*En voz baja y violenta.*)   ¡Tú tampoco vas! ¿Me has oído?   (*Él abre la puerta sin contestar.*)   ¿Me has oído?   510

FERNANDO.   ¡Entra!

ELVIRA.   ¡Tú antes!   (*Se abre el I, y aparecen* CARMINA *y* URBANO.   *Están con las manos enlazadas, en una actitud clara.   Ante la sorpresa de Fernando, Elvira vuelve a cerrar la puerta y se dirige a ellos sonriente.*)   ¡Qué casualidad, Carmina!   Salíamos precisamente para ir a casa de ustedes . . .

CARMINA.   Muchas gracias.   (*Ha intentado desprenderse, pero Urbano la retiene.*)

ELVIRA.   (*Con cara de circunstancias.**)   Sí, hija . . .   520 Ha sido muy lamentable . . ., muy sensible.

FERNANDO.   (*Reportado.*)   Mi mujer y yo les acompañamos sinceramente en el sentimiento.*

CARMINA.   (*Sin mirarle.*)   Gracias.

(*La tensión aumenta, inconteniblemente, entre los cuatro.*)

ELVIRA.   ¿Su madre está dentro?

CARMINA.   Sí; hágame el favor de pasar.   Yo entro en seguida.   (*Con vivacidad.*)   En cuanto me despida de Urbano.

ELVIRA.   ¿Vamos, Fernando?   (*Ante el silencio de él.*)   530 No te preocupes, hombre.   (*A Carmina.*)   Está preocupado porque al nene le toca ahora la teta.*   (*Con una tierna mirada para Fernando.*)   Se desvive por su familia.

(*A Carmina.*) Le daré el pecho en su casa. No le importa, ¿verdad?

CARMINA. Claro que no.

ELVIRA. Mire qué rico* está mi Fernandito. (*Carmina se acerca después de lograr desprenderse de Urbano.*) Dormidito. No tardará en chillar y pedir lo suyo.*

CARMINA. Es una monada.   540

ELVIRA. Tiene toda la cara de su padre. (*A Fernando.*) Sí, sí; aunque te empeñes en que no. (*A Carmina.*) El asegura que es igual a mí. Le agrada mucho que se parezca a mí. Es a él a quien se parece, ¿no cree?*

CARMINA. Pues . . . no sé. ¿Tú que crees, Urbano?

URBANO. No entiendo mucho de eso. Yo creo que todos los niños pequeños se parecen.

FERNANDO. (*A Urbano.*) Claro que sí. Elvira exagera. Lo mismo puede parecerse a ella, que . . . a Carmina, por ejemplo.   550

ELVIRA. (*Violenta.*) ¡Ahora dices eso! ¡Pues siempre estás afirmando que es mi vivo retrato!

CARMINA. Por lo menos, tendrá el aire de familia. ¡Decir que se parece a mí! ¡Qué disparate!

URBANO. ¡Completo!

CARMINA. (*Al borde del llanto.*) Me va usted a hacer reir, Fernando, en un día como éste.

URBANO. (*Con ostensible solicitud.*) Carmina, por favor, no te afectes. (*A Fernando.*) ¡Es muy sensible!

(*Fernando asiente.*)   560

CARMINA. (*Con falsa ternura.*) Gracias, Urbano.

URBANO. (*Con intención.*) Repórtate. Piensa en cosas más alegres . . . Puedes hacerlo . . .

FERNANDO. (*Con la insolencia de un antiguo novio.*) Carmina fue siempre muy sensible.

ELVIRA. (*Que lee en el corazón de la otra.*) Pero hoy tiene motivo para entristecerse. ¿Entramos, Fernando?

FERNANDO. (*Tierno.*) Cuando quieras, nena.

URBANO. Déjalos pasar, nena. (*Y aparta a Carmina, con triunfal solicitud, que brinda a Fernando, para dejar* 570 *pasar al matrimonio.*)

TELÓN

ACTO TERCERO

*Pasaron velozmente veinte años más.   Es ya nuestra época.
La escalera sigue siendo una humilde escalera de vecinos.
El casero ha pretendido sin éxito disfrazar su pobreza con
algunos nuevos detalles concedidos despaciosamente a lo
largo del tiempo: la ventana tiene ahora cristales romboidales
coloreados, y en la pared del segundo rellano, frente al tramo,
puede leerse la palabra 'Quinto' en una placa de metal.   Las
puertas han sido dotadas de timbre eléctrico, y las paredes,
blanqueadas.*

*Una viejecita consumida y arrugada, de obesidad malsana
y cabellos completamente blancos, desemboca, fatigada, en
el primer rellano.   Es* PACA.   *Camina lentamente, apoyán-
dose en la barandilla, y lleva en la otra mano un capacho
lleno de bultos.*

PACA.   (*Entrecortadamente.*)   ¡Qué vieja estoy!*
(*Acaricia la barandilla.*)   ¡Tan vieja como tú! ¡Uf!
(*Pausa.*)   ¡Y qué sola!   Ya no soy nada para mis hijos
ni para mi nieta.   ¡Un estorbo!   (*Pausa.*)   ¡Pues no me
da la gana de serlo,* demontre!   (*Pausa. Resollando.*)
¡Hoj!   ¡Qué escalerita!   Ya podía poner ascensor el
ladrón del casero.   Hueco no falta.*   Lo que falta son
ganas de rascarse el bolsillo.   (*Pausa.*)   En cambio, mi
Juan la subía de dos en dos . . . hasta el día mismo de
morirse.   Y yo que no puedo con ella . . .* no me muero   10
ni con polvorones.*   (*Pausa.*)   Bueno, y ahora que no

me oye nadie. ¿Yo quiero o no quiero morirme? (*Pausa.*)
Yo no quiero morirme. (*Pausa.*) Lo que quiero (*ha
llegado al segundo rellano y dedica una ojeada al I*) es poder
charlar con Generosa, y con Juan . . . (*Pausa. Se
encamina a su puerta.*) ¡Pobre Generosa! ¡Ni los huesos
quedarán! (*Pausa. Abre con su llave. Al entrar.*) ¡Y
que me haga un poco más de caso mi nieta, demontre!

   (*Cierra. Pausa. Del IV sale un* SEÑOR *bien vestido.
Al pasar frente al I, sale de éste un* JOVEN *bien vestido.*)   20

JOVEN.   Buenos días.

SEÑOR.   Buenos días.   ¿A la oficina?

JOVEN.   Sí, señor.   ¿Usted también?

SEÑOR.   Lo mismo. (*Bajan emparejados*) ¿Y esos
asuntos?

JOVEN.   Bastante bien.   Saco casi otro sueldo.   No me
puedo quejar.   ¿Y usted?

SEÑOR.   Marchando.*   Sólo necesitaría que alguno de
estos vecinos antiguos se mudase, para ocupar un
exterior.*   Después de desinfectarlo y pintarlo, podría   30
recibir gente.

JOVEN.   Sí, señor.   Lo mismo queremos nosotros.

SEÑOR.   Además, que no hay derecho a pagar tantísimo
por un interior mientras ellos tienen los exteriores casi de
balde.*

JOVEN.   Como son vecinos tan antiguos . . .

SEÑOR.   Pues no hay derecho.   ¿Es que mi dinero vale
menos que el de ellos?

JOVEN.   Además, que son unos indeseables.

SEÑOR.   No me hable.   Si no fuera por ellos . . . Porque   40
la casa, aunque muy vieja, no está mal.

JOVEN.   No.   Los pisos son amplios.

SEÑOR. Únicamente, la falta de ascensor.

JOVEN. Ya lo pondrán. (*Pausa breve.*) ¿Ha visto los nuevos modelos de automóvil?

SEÑOR. Son magníficos.

JOVEN. ¡Magníficos! Se habrá fijado en que la carrocería es completamente . . .

(*Se van charlando. Pausa. Salen del III* URBANO *y* CARMINA. *Son ya casi viejos. Ella se prende familiarmente de su brazo y bajan. Cuando están a mitad del tramo, suben por la izquierda* ELVIRA *y* FERNANDO, *también del brazo y con las huellas de la edad. Socialmente, su aspecto no ha cambiado: son dos viejos matrimonios, de obrero uno y el otro de empleado. Al cruzarse, se saludan secamente. Carmina y Urbano bajan. Elvira y Fernando llegan en silencio al II y él llama al timbre.*)

ELVIRA. ¿Por qué no abres con el llavín?

FERNANDO. Manolín nos abrirá.

(*La puerta es abierta por* MANOLÍN, *un chico de unos doce años.*)

MANOLÍN. (*Besando a su padre.*) Hola, papá.

FERNANDO. Hola, hijo.

MANOLÍN. (*Besando a su madre.*) Hola, mamá.

ELVIRA. Hola.

(*Manolín se mueve a su alrededor por ver si traen algo.*)

FERNANDO. ¿Qué buscas?

MANOLÍN. ¿No traéis nada?

FERNANDO. Ya ves que no.

MANOLÍN. ¿Los traerán ahora?

ELVIRA. ¿El qué?

MANOLÍN. ¡Los pasteles!

FERNANDO. ¿Pasteles? No, hijo. Están muy caros.

E

MANOLÍN. ¡Pero, papá! ¡Hoy es mi cumpleaños!

FERNANDO. Sí, hijo. Ya lo sé.

ELVIRA. Y te guardamos una sorpresa.

FERNANDO. Pero pasteles no pueden ser.

MANOLÍN. Pues yo quiero pasteles.

FERNANDO. No puede ser.

MANOLÍN. ¿Cuál es la sorpresa?   80

ELVIRA. Ya la verás luego. Anda adentro.

MANOLÍN. (*Camino de la escalera.*) No.

FERNANDO. ¿Dónde vas tú?

MANOLÍN. A jugar.

ELVIRA. No tardes.

MANOLÍN. No. Hasta luego. (*Los padres cierran. Él baja los peldaños y se detiene en el 'casinillo'. Comenta:*) ¡Qué roñosos! (*Se encoge de hombros y, con cara de satisfacción, saca un cigarrillo. Tras una furtiva ojeada hacia arriba, saca una cerilla y la enciende en la pared.* 90 *Se pone a fumar muy complacido. Pausa. Salen del III* ROSA *y* TRINI: *una pareja notablemente igualada por las arrugas y la tristeza que la desilusión y las penas han puesto en sus rostros. Rosa lleva un capacho.*)

TRINI. ¿Para qué vienes, mujer? ¡Si es un momento!

ROSA. Por respirar un poco el aire de la calle. Me ahogo en casa. (*Levantando el capacho.*) Además, te ayudaré.

TRINI. Ya ves; yo prefiero, en cambio, estarme en casa.   100

ROSA. Es que . . . no me gusta quedarme sola con madre. No me quiere bien.

TRINI. ¡Qué disparate!

ROSA. Sí, sí . . . Desde aquello.

TRINI.   ¿Quién se acuerda ya de eso?

ROSA.   ¡Todos!   Siempre lo recordamos y nunca hablamos de ello.

TRINI.   (*Con un suspiro.*)   Déjalo.   No te preocupes.

(*Manolín, que la ve bajar, se interpone en su camino y la saluda con alegría.   Ellas se paran.*) 110

MANOLÍN.   ¡Hola, Trini!

TRINI.   (*Cariñosa.*)   ¡Mala pieza!   (*Él lanza al aire, con orgullo, una bocanada de humo.*)   ¡Madre mía!   ¿Pues no está fumando?   ¡Tira eso enseguida, cochino!   (*Intenta tirarle el cigarrillo de un manotazo y él se zafa.*)

MANOLÍN.   ¡Es que hoy es mi cumpleaños!

TRINI.   ¡Caramba!   Y ¿cuántos cumples?

MANOLÍN.   Doce.   ¡Ya soy un hombre!

TRINI.   Si te hago un regalo, ¿me lo aceptarás?

MANOLÍN.   ¿Qué me vas a dar? 120

TRINI.   Te daré dinero para que te compres un pastel.

MANOLÍN.   Yo no quiero pasteles.

TRINI.   ¿No te gustan?

MANOLÍN.   No.   Prefiero que me regales una cajetilla de tabaco.

TRINI.   ¡Ni lo sueñes!   Y tira ya eso.

MANOLÍN.   No quiero.   (*Pero ella consigue tirarle el cigarrillo.*)   Oye, Trini . . . Tú me quieres mucho, ¿verdad?

TRINI.   Naturalmente. 130

MANOLÍN.   Oye . . ., quiero preguntarte una cosa. (*Mira de reojo a Rosa y trata de arrastrar a Trini hacia el 'casinillo'.*)

TRINI.   ¿Dónde me llevas?

MANOLÍN.   Ven.   No quiero que me oiga Rosa.

ROSA. ¿Por qué?   Yo también te quiero mucho.   ¿Es que no me quieres tú?

MANOLÍN. No.

ROSA. ¿Por qué?

MANOLÍN. Porque eres vieja y gruñona.   140

(*Rosa se muerde los labios y se separa hacia la barandilla.*)

TRINI. (*Enfadada.*) ¡Manolín!

MANOLÍN. (*Tirando de Trini.*) Ven . . . (*Ella le sigue, sonriente.   Él la detiene con mucho misterio.*)   ¿Te casarás conmigo cuando sea mayor?

(*Trini rompe a reir.   Rosa, con cara triste, los mira desde la barandilla.*)

TRINI. (*Risueña, a su hermana.*)   ¡Una declaración!

MANOLÍN. (*Colorado.*)   No te rías y contéstame.

TRINI. ¡Qué tontería!   ¿No ves que ya soy vieja?   150

MANOLÍN. No.

TRINI. (*Conmovida.*) Sí, hijo, sí.   Y cuando tú seas mayor, yo seré una ancianita.

MANOLÍN. No me importa.   Yo te quiero mucho.

TRINI. (*Muy emocionada y sonriente, le coge la cara entre las manos y le besa.*) ¡Hijo! ¡Qué tonto eres! ¡Tonto! (*Besándole.*) No digas simplezas. ¡Hijo! (*Besándole.*) ¡Hijo! (*Se separa y va ligera a emparejar con Rosa.*)

MANOLÍN. Oye . . .

TRINI. (*Conduciendo a Rosa, que sigue seria.*) ¡Calla, 160 simple!   Y ya veré lo que te regalo; si un pastel . . . o una cajetilla.

(*Se van rápidas.   Manolín las ve bajar, y luego, dándose mucha importancia, saca otro cigarrillo y otra cerilla.   Se sienta en el suelo del 'casinillo' y fuma despacio, perdido en sus imaginaciones de niño.   Se abre el III y sale*

CARMINA, *hija de Carmina y Urbano.   Es una atolondrada chiquilla de unos dieciocho años.*   PACA *la despide desde la puerta.*)

CARMINA, HIJA.   Hasta luego, abuela.   (*Avanza dando* 170 *fuertes golpes en la barandilla mientras tararea:*)   La, ra, ra . . ., la, ra, ra . . .

PACA.   ¡Niña!

CARMINA, HIJA.   (*Volviéndose.*)   ¿Qué?

PACA.   No des así en la barandilla.   ¡La vas a romper! ¿No ves que está muy vieja?

CARMINA, HIJA.   Que pongan otra.

PACA.   Que pongan otra . . . Los jóvenes, en cuanto una cosa está vieja, sólo sabéis tirarla.   ¡Pues las cosas viejas hay que conservarlas!   ¿Te enteras?   180

CARMINA, HIJA.   A ti, como eres vieja, te gustan las vejeces.

PACA.   Lo que quiero es que tengas más respeto para... la vejez.

CARMINA, HIJA.   (*Que se vuelve rápidamente y la abruma a besos.*)   ¡Boba!   ¡Vieja guapa!

PACA.   (*Ganada, pretende desasirse.*)   ¡Quita, quita, hipócrita!   ¡Ahora vienes con cariñitos!

(*Carmina la empuja y trata de cerrar.*)

CARMINA, HIJA.   Anda para adentro.   190

PACA.   ¡Qué falta de vergüenza!   ¿Crees acaso que vas a mandar en mí?   (*Forcejean.*)   ¡Déjame!

CARMINA, HIJA.   Entra . . .

(*La resistencia de Paca acaba en una débil risilla de anciana.*)

PACA.   (*Vencida.*)   ¡No te olvides de comprar ajos!

(*Carmina cierra la puerta en sus narices.*   Vuelve a*

bajar, rápida, sin dejar sus golpes al pasamanos ni su tarareo. La puerta del II se abre por FERNANDO, *hijo de Fernando y Elvira. Sale en mangas de camisa. Es* 200 *arrogante y pueril. Tiene veintiún años.*)

FERNANDO, HIJO. Carmina.

(*Ella, en los primeros escalones aún, se inmoviliza y calla, temblorosa, sin volver la cabeza. Él baja enseguida a su altura. Manolín se disimula y escucha con infantil picardía.*)

CARMINA, HIJA. ¡Déjame, Fernando! Aquí, no. Nos pueden ver.

FERNANDO, HIJO. ¡Qué nos importa!

CARMINA, HIJA. Déjame. (*Intenta seguir. Él la* 210 *detiene con brusquedad.*)

FERNANDO, HIJO. ¡Escúchame lo que te digo! ¡Te estoy hablando!

CARMINA, HIJA. (*Asustada.*) Por favor, Fernando.

FERNANDO, HIJO. No. Tiene que ser ahora. Tienes que decirme enseguida por qué me has esquivado estos días. (*Ella mira angustiada por el hueco de la escalera.*) ¡Vamos, contesta! ¿Por qué? (*Ella mira a la puerta de su casa.*) ¡No mires más! No hay nadie.

CARMINA, HIJA. Fernando, déjame ahora. Esta tarde 220 podremos vernos donde el último día.

FERNANDO, HIJO. De acuerdo. Pero ahora me vas a decir por qué no has venido estos días.

(*Ella consigue bajar unos peldaños más. Él la retiene y la sujeta contra la barandilla.*)

CARMINA, HIJA. ¡Fernando!

FERNANDO, HIJO. ¡Dímelo! ¿Es que ya no me quieres? (*Pausa.*) No me has querido nunca, ¿verdad? Esa es la razón. ¡Has querido coquetear conmigo, divertirte conmigo! 230

CARMINA, HIJA. No, no . . .

FERNANDO, HIJO. Sí. Eso es. (*Pausa.*) ¡Pues no te saldrás con la tuya!

CARMINA, HIJA. Fernando, yo te quiero. ¡Pero, déjame! ¡Lo nuestro no puede ser!

FERNANDO, HIJO. ¿Por qué no puede ser?

CARMINA, HIJA. Mis padres no quieren.

FERNANDO, HIJO. ¿Y qué? Eso es un pretexto. ¡Un mal pretexto!

CARMINA, HIJA. No, no . . ., de verdad . . . Te lo 240 juro.

FERNANDO, HIJO. Si me quisieras de verdad, no te importaría.

CARMINA, HIJA. (*Sollozando.*) Es que . . . me han amenazado y . . . me han pegado . . .

FERNANDO, HIJO. ¡Cómo!

CARMINA, HIJA. Sí. Y hablan mal de ti . . . y de tus padres . . . ¡Déjame Fernando! (*Se desprende. Él está paralizado.*) Olvida lo nuestro. No puede ser . . . Tengo miedo . . . (*Se va rápidamente, llorosa. Fernando* 250 *va hasta el rellano y la mira bajar abstraído. Después se vuelve y ve a Manolín. Su expresión se endurece.*)

FERNANDO, HIJO. ¿Qué haces aquí?

MANOLÍN. (*Muy divertido.*) Nada.

FERNANDO, HIJO. Anda para casa.

MANOLÍN. No quiero.

FERNANDO, HIJO. ¡Arriba, te digo!

MANOLÍN. Es mi cumpleaños y hago lo que quiero. ¡Y tú no tienes derecho a mandarme! (*Pausa.*)

FERNANDO, HIJO.   Si no fueras el favorito . . ., ya te 260
daría yo cumpleaños.*   (*Pausa.   Comienza a subir mirando
a Manolín con suspicacia.   Éste contiene con trabajo la
risa.*)

MANOLÍN.   (*Envalentonado.*)   ¡Qué entusiasmado estás
con Carmina!

FERNANDO, HIJO.   (*Bajando al instante.*)   ¡Te voy a
cortar la lengua!

MANOLÍN.   (*Con regocijo.*)   ¡Parecíais dos novios de
película!   (*En tono cómico.*)   "¡No me abandones, Nelly!
¡Te quiero, Bob!"   (*Fernando le da una bofetada.   A* 270
*Manolín se le saltan las lágrimas y se esfuerza, rabioso,
en patear las espinillas y los pies de su hermano.*)   ¡Bruto!

FERNANDO, HIJO.   (*Sujetándole.*)   ¿Qué hacías en el
'casinillo'?

MANOLÍN.   ¡No te importa!   ¡Bruto!   ¡Idiota! . . .
¡¡Romántico!!

FERNANDO, HIJO.   Fumando, ¿eh?   (*Señala las colillas
en el suelo.*)   Ya verás cuando se entere papá.

MANOLÍN.   ¡Y yo le diré que sigues siendo novio de
Carmina!   280

FERNANDO, HIJO.   (*Apretándole un brazo.*)   ¡Qué bien
trasteas a los padres, marrano, hipócrita!   ¡Pero los
pitillos te van a costar caros!

MANOLÍN.   (*Que se desase y sube presuroso el tramo.*)
¡No te tengo miedo!   Y diré lo de Carmina.   ¡Lo diré
ahora mismo!   (*Llama con apremio al timbre de su casa.*)

FERNANDO, HIJO.   (*Desde la barandilla del primer
rellano.*)   ¡Baja, chivato!

MANOLÍN.   No.   Además, esos pitillos no son míos.

FERNANDO, HIJO.   ¡Baja!   290

(FERNANDO, *el padre, abre la puerta.*)

MANOLÍN.   ¡Papá, Fernando estaba besándose con Carmina en la escalera!

FERNANDO, HIJO.   ¡Embustero!

MANOLÍN.   Sí, papá.   Yo no los veía porque estaba en el 'casinillo'; pero . . .

FERNANDO.   (*A Manolín.*)   Pasa para adentro.

MANOLÍN.   Papá, te aseguro que es verdad.

FERNANDO.   Adentro.   (*Con un gesto de burla a su hermano, Manolín entra.*)   Y tú, sube.   300

FERNANDO, HIJO.   Papá, no es cierto que me estuviera besando con Carmina.   (*Empieza a subir.*)

FERNANDO.   ¿Estabas con ella?

FERNANDO, HIJO.   Sí.

FERNANDO.   ¿Recuerdas que te hemos dicho muchas veces que no tontearas con ella?

FERNANDO, HIJO.   (*Que ha llegado al rellano.*)   Sí.

FERNANDO.   Y has desobedecido . . .

FERNANDO, HIJO.   Papá . . . Yo . . .

FERNANDO.   Entra.   (*Pausa.*)   ¿Has oído?   310

FERNANDO, HIJO.   (*Rebelándose.*)   ¡No quiero!   ¡Se acabó!*

FERNANDO.   ¿Qué dices?

FERNANDO, HIJO.   ¡No quiero entrar!   ¡Ya estoy harto de vuestras estúpidas prohibiciones!

FERNANDO.   (*Conteniéndose.*)   Supongo que no querrás escandalizar para los vecinos . . .

FERNANDO, HIJO.   ¡No me importa!   ¡También estoy harto de esos miedos!   (ELVIRA, *avisada sin duda por Manolín, sale a la puerta.*)   ¿Por qué no puedo hablar   320 con Carmina, vamos a ver?   ¡Ya soy un hombre!

ELVIRA.   (*Que interviene con acritud.*)   ¡No para Carmina!

FERNANDO.   (*A Elvira.*)   ¡Calla!   (*A su hijo.*)   Y tú, entra.   Aquí no podemos dar voces.

FERNANDO, HIJO.   ¿Qué tengo yo que ver con vuestros rencores y vuestros viejos prejuicios?   ¿Por qué no vamos a poder querernos Carmina y yo?

ELVIRA.   ¡Nunca!

FERNANDO.   No puede ser, hijo.   330

FERNANDO, HIJO.   Pero ¿por qué?

FERNANDO.   Tú no lo entiendes.   Pero entre esa familia y nosotros no puede haber noviazgos.

FERNANDO, HIJO.   Pues os tratáis.

FERNANDO.   Nos saludamos nada más.   (*Pausa.*)   A mí, realmente, no me importaría demasiado.   Es tu madre . . .

ELVIRA.   Claro que no.   ¡Ni hablar de la cosa!

FERNANDO.   Los padres de ella tampoco lo consentirían. Puedes estar seguro.

ELVIRA.   Y tú debías ser el primero en prohibírselo en   340 vez de halagarle con esas blanduras improcedentes.

FERNANDO.   ¡Elvira!

ELVIRA.   ¡Improcedentes!   (*A su hijo.*)   Entra, hijo.

FERNANDO, HIJO.   Pero, mamá . . . Papá . . . ¡Cada vez lo entiendo menos!   Os empeñáis en no comprender que yo . . . ¡no puedo vivir sin Carmina!

FERNANDO.   Eres tú el que no nos comprendes.   Yo te lo explicaré todo, hijo.

ELVIRA.   ¡No tienes que explicar nada!   (*A su hijo.*) Entra.   350

FERNANDO.   Hay que explicarle, mujer . . . (*A su hijo.*)   Entra, hijo.

FERNANDO, HIJO. (*Entrando, vencido.*) No os comprendo . . . No os comprendo . . .

(*Cierran.   Pausa.*   TRINI *y* ROSA *vuelven de la compra.*)

TRINI.   ¿ Y no le has vuelto a ver ?

ROSA.   ¡Muchas veces!   Al principio no me saludaba, me evitaba.   Y yo como una tonta, le buscaba.   Ahora, es al revés . . .

TRINI.   ¿ Te busca él ?   360

ROSA.   Ahora me saluda y yo a él, no.   ¡Canalla! Me ha entretenido durante años para dejarme cuando ya no me mira a la cara nadie.

TRINI.   Estará ya viejo . . .

ROSA.   ¡Muy viejo!   Y muy gastado.   Porque sigue bebiendo y trasnochando . . .

TRINI.   ¡Qué vida!

ROSA.   Casi me alegro de no haber tenido hijos con él. No habrían salido sanos. (*Pausa.*)   ¡Pero yo hubiera querido tener un niño, Trini!   Y hubiese querido* que él 370 no fuese como era . . . y que el niño se le hubiese parecido.

TRINI.   Las cosas nunca suceden a nuestro gusto.

ROSA.   No. (*Pausa.*)   Pero, al menos, ¡un niño!   ¡Mi vida se habría llenado con un niño!   (*Pausa.*)

TRINI.   . . . La mía también.

ROSA.   ¿Eh? (*Pausa breve.*)   Claro.   ¡Pobre Trini! ¡Qué lástima que no te hayas casado!

TRINI.   (*Deteniéndose, sonríe con pena.*)   ¡Qué iguales somos en el fondo tú y yo!

ROSA.   Todas las mujeres somos iguales en el fondo.   380

TRINI.   Sí . . . Tú has sido el escándalo de la familia, y yo la víctima.   Tú quisiste vivir tu vida, y yo me dediqué a la de los demás.   Te juntaste con un hombre,

y yo sólo conozco el olor de los de casa . . . Ya ves:
al final hemos venido a fracasar de igual manera.

(*Rosa la enlaza y aprieta suavemente el talle. Trini la
imita. Llegan enlazadas a la puerta.*)

ROSA. (*Suspirando.*) Abre . . .

TRINI. (*Suspirando.*) Sí . . . Ahora mismo . . . (*Abre
con el llavín y entran. Pausa. Suben* URBANO, CARMINA 390
y su HIJA. *El padre viene riñendo a la muchacha, que
atiende tristemente sumisa. La madre se muestra jadeante
y muy cansada.*)

URBANO. ¡Y no quiero que vuelvas a pensar en
Fernando! Es como su padre: un inútil.

CARMINA. ¡Eso!

URBANO. Más de un pitillo nos hemos fumado el padre
y yo ahí mismo (*señala el 'casinillo'*) cuando éramos
jóvenes. Me acuerdo muy bien. Tenía muchos pajaritos
en la cabeza. Y su hijo es como él: un gandul. Así es 400
que no quiero ni oirte su nombre. ¿Entendido?

CARMINA, HIJA. Sí, padre.

(*La madre se apoya, agotada, en el pasamanos.*)

URBANO. ¿Te cansas?

CARMINA. Un poco.

URBANO. Un esfuerzo. Ya no queda nada.* (*A la
hija, dándole la llave.*) Toma, ve abriendo.* (*Mientras
la muchacha sube y entra, dejando la puerta entornada.*)
¿Te duele el corazón?

CARMINA. Un poquillo . . .   410

URBANO. ¡Dichoso corazón!*

CARMINA. No es nada. Ahora se pasará. (*Pausa.*)

URBANO. ¿Por qué no quieres que vayamos a otro
médico?

CARMINA. (*Seca.*) Porque no.

URBANO. ¡Una testarudez tuya! Puede que otro médico consiguiese . . .

CARMINA. Nada. Esto no tiene arreglo; es de la edad . . . y de las desilusiones.

URBANO. ¡Tonterías! Podíamos probar . . .   420

CARMINA. ¡Que no! ¡Y déjame en paz! (*Pausa.*)

URBANO. ¿Cuándo estaremos tú y yo de acuerdo en algo?

CARMINA. (*Con amargura.*) Nunca.

URBANO. Cuando pienso lo que pudiste haber sido para mí . . . ¿Por qué te casaste conmigo, si no me querías?

CARMINA. (*Seca.*) No te engañé. Tú te empeñaste.

URBANO. Sí. Supuse que podría hacerte olvidar otras cosas . . . Y esperaba más correspondencia, más . . .

CARMINA. Más agradecimiento.   430

URBANO. No es eso. (*Suspira.*) En fin, paciencia.

CARMINA. Paciencia.

(PACA *se asoma y los mira. Con voz débil, que contrasta con la fuerza de una pregunta igual hecha veinte años antes:*)

PACA. ¿No subís?

URBANO. Sí.

CARMINA. Sí. Ahora mismo.

(*Paca se mete.*)

URBANO. ¿Puedes ya?

CARMINA. Sí. (*Urbano le da el brazo. Suben lentamente,* 440
*silenciosos. De peldaño en peldaño se oye la dificultosa
respiración de ella. Llegan finalmente y entran. A punto
de cerrar, Urbano ve a* FERNANDO, *el padre, que sale del II y
emboca la escalera. Vacila un poco y al fin se decide a
llamarle cuando ya ha bajado unos peldaños.*)

URBANO.   Fernando.

FERNANDO.   (*Volviéndose.*)   Hola.   ¿Qué quieres?

URBANO.   Un momento.   Haz el favor.

FERNANDO.   Tengo prisa.

URBANO.   Es sólo un minuto.   450

FERNANDO.   ¿Qué quieres?

URBANO.   Quiero hablarte de tu hijo.

FERNANDO.   De cuál de los dos?

URBANO.   De Fernando.

FERNANDO.   ¿Y qué tienes que decir de Fernando?

URBANO.   Que harías bien impidiéndole que sonsacase a mi Carmina.

FERNANDO.   ¿Acaso crees que me gusta la cosa?   Ya le hemos dicho todo lo necesario.   No podemos hacer más.

URBANO.   Luego, ¿lo sabías?   460

FERNANDO.   Claro que lo sé.   Haría falta estar ciego...

URBANO.   Lo sabías y te alegrabas, ¿no?

FERNANDO.   ¿Que me alegraba?*

URBANO.   ¡Sí!   Te alegrabas.   Te alegrabas de ver a tu hijo tan parecido a ti mismo . . . De encontrarle tan irresistible como lo eras tú hace treinta años.   (*Pausa.*)

FERNANDO.   No quiero escucharte. Adiós. (*Va a marcharse.*)

URBANO.   ¡Espera!   Antes hay que dejar terminada esta cuestión.   Tu hijo . . .   470

FERNANDO.   (*Sube y se enfrenta con él.*)   Mi hijo es una víctima, como lo fui yo.   A mi hijo le gusta Carmina, porque ella se le ha puesto delante.   Ella es quien le saca de sus casillas.*   Con mucha mayor razón podría yo decirte que la vigilases.

URBANO.   ¡Ah, en cuanto a ella, puedes estar seguro!

Antes la deslomo que permitir que se entienda con tu
Fernandito. Es a él a quien tienes que sujetar y encarrilar
. . . Porque es como tú eras: un tenorio* y un vago.

FERNANDO. ¿Yo un vago? 480

URBANO. Sí. ¿Dónde han ido a parar tus proyectos de
trabajo? No has sabido hacer más que mirar por encima
del hombro a los demás.* ¡Pero no te has emancipado,
no te has libertado! (*Pegando en el pasamanos.*) ¡Sigues
amarrado a esta escalera, como yo, como todos!

FERNANDO. Sí; como tú. También tú ibas a llegar
muy lejos con el sindicato y la solidaridad. (*Irónico.*)
Ibais a arreglar las cosas para todos . . . , hasta para mí.

URBANO. ¡Sí! ¡Hasta para los zánganos y cobardes
como tú! 490

(CARMINA *la madre, sale al descansillo después de escuchar
un segundo e interviene. El altercado crece en violencia
hasta su final.*)

CARMINA. ¡Eso! ¡Un cobarde! ¡Eso es lo que has
sido siempre! ¡Un gandul y un cobarde!

URBANO. ¡Tú cállate!

CARMINA. ¡No quiero! Tenía que decírselo. (*A
Fernando.*) ¡Has sido un cobarde toda tu vida! Lo has
sido para las cosas más insignificantes . . . y para las más
importantes. (*Lacrimosa.*) ¡Te asustaste como una 500
gallina cuando hacía falta ser un gallo con cresta y
espolones!

URBANO. (*Furioso.*) ¡Métete para dentro!

CARMINA. ¡No quiero! (*A Fernando.*) Y tu hijo es
como tú: un cobarde, un vago y un embustero. Nunca
se casará con mi hija, ¿entiendes? (*Se detiene jadeante.*)

FERNANDO. Ya procuraré que no haga esa tontería.

URBANO.   Para vosotros no sería una tontería, porque ella vale mil veces más que él.

FERNANDO.   Es tu opinión de padre.   Muy respetable. 510 (*Se abre el II y aparece* ELVIRA, *que escucha y los contempla.*) Pero Carmina es de la pasta de su familia.   Es como Rosita . . .

URBANO.   (*Que se acerca a él, rojo de rabia.*)   Te voy a . . .

(*Su mujer le sujeta.*)

FERNANDO.   ¡Sí!   ¡A tirar por el hueco de la escalera! Es tu amenaza favorita.   Otra de las cosas que no has sido capaz de hacer con nadie.

ELVIRA.   (*Avanzando.*)   ¿Por qué te avienes a discutir 520 con semejante gentuza?   (FERNANDO, *el hijo, y* MANOLÍN *ocupan la puerta y presencian la escena con disgustado asombro.*)   Vete a lo tuyo.

CARMINA.   ¡Una gentuza a la que no tiene Vd. derecho a hablar!

ELVIRA.   Y no la hablo.

CARMINA.   ¡Debería darle vergüenza!   ¡Porque usted tiene la culpa de todo esto!

ELVIRA.   ¿Yo?

CARMINA.   Sí, usted, que ha sido siempre una zalamera 530 y una entrometida . . .

ELVIRA.   ¿Y usted qué ha sido?   ¡Una mosquita muerta!   Pero le salió mal la combinación.

FERNANDO.   (*A su mujer.*)   Estáis diciendo muchas tonterías . . .

(CARMINA, *la hija;* PACA, ROSA *y* TRINI *se agolpan en su puerta.*)

ELVIRA.   ¡Tú te callas!   (*A Carmina, por Fernando.**)

¿Cree usted que se lo quité? ¡Se lo regalaría de buena gana! 540

FERNANDO. ¡Elvira, cállate! ¡Es vergonzoso!

URBANO. (*A su mujer.*) ¡Carmina, no discutas eso!

ELVIRA. (*Sin atender a su marido.*) Fue usted,* que nunca supo retener a nadie, que no ha sido capaz de conmover a nadie . . . ni de conmoverse.

CARMINA. ¡Usted, en cambio, se conmovió a tiempo! ¡Por eso se lo llevó!

ELVIRA. ¡Cállese! ¡No tiene derecho a hablar! Ni usted ni nadie de su familia puede rozarse con personas decentes. Paca ha sido toda su vida una murmuradora . . . y una 550 consentidora. (*A Urbano.*) ¡Como usted! Consentidores de los caprichos de Rosita . . . ¡Una cualquiera!

ROSA. ¡Deslenguada! ¡Víbora! (*Se abalanza y la agarra del pelo. Todos vocean. Carmina pretende pegar a Elvira. Urbano trata de separarlas. Fernando sujeta a su mujer. Entre los dos consiguen separarlas a medias. Fernando, el hijo, con el asco y la amargura pintados en su faz, avanza despacio por detrás del grupo y baja los escalones sin dejar de mirar, tanteando la pared a sus espaldas. Con desesperada actitud, sigue escuchando desde el 'casinillo' la* 560 *disputa de los mayores.*)

FERNANDO. ¡Basta! ¡Basta ya!

URBANO. (*A los suyos.*) ¡Adentro todos!

ROSA. (*A Elvira.*) ¡Si yo me junté con Pepe y me salió mal, usted cazó a Fernando! . . .

ELVIRA. ¡Yo no he cazado a nadie!

ROSA. ¡A Fernando!

CARMINA. ¡Sí! ¡A Fernando!

ROSA. Y le ha durado. Pero es tan chulo como Pepe.

F

FERNANDO.   ¿Cómo?   570

URBANO.   (*Enfrentándose con él.*)   ¡Claro que sí!   ¡En
eso llevan razón!   Has sido un cazador de dotes.   En el
fondo, igual que Pepe.   ¡Peor!   ¡Porque tú has sabido
nadar y guardar la ropa!*

FERNANDO.   ¡No te parto la cabeza porque . . .!
(*Las mujeres los sujetan ahora.*)

URBANO.   ¡Porque no puedes!   ¡Porque no te atreves!
¡Pero a tu niño se la partiré yo como le vea rondar a
Carmina!

PACA.   ¡Eso!   ¡A limpiarse de mi nieta!*   580

URBANO.   (*Con grandes voces.*)   ¡Y se acabó!   ¡Adentro
todos!   (*Los empuja rudamente.*)

ROSA.   (*Antes de entrar, a Elvira.*)   ¡Pécora!

CARMINA.   (*Lo mismo.*)   ¡Enredadora!

ELVIRA.   ¡Escandalosas!   ¡Ordinarias!
(*Urbano logra hacer entrar a los suyos y cierra con un
tremendo portazo.*)

FERNANDO.   (*A Elvira y Manolín.*)   ¡Vosotros, para
dentro también!

ELVIRA.   (*Después de considerarle un momento, con* 590
desprecio.)   ¡Y tú a lo tuyo, que ni para eso vales!
(*Su marido la mira violento.   Ella mete a Manolín de
un empujón y cierra también con un portazo.   Fernando
baja tembloroso la escalera, con la lentitud de un vencido.
Su hijo Fernando le ve cruzar y desaparecer con una mirada
de espanto.   La escalera queda en silencio.   Fernando, el
hijo, oculta la cabeza entre las manos.   Pausa larga.*
CARMINA, *la hija, sale con mucho sigilo de su casa y cierra
la puerta sin ruido.   Su cara no está menos descompuesta
que la de Fernando.   Mira por el hueco y después fija su* 600

vista con ansiedad en la esquina del 'casinillo'. Baja timidamente unos peldaños sin dejar de mirar. Fernando la siente y se asoma.)

FERNANDO, HIJO. ¡Carmina! (*Aunque esperaba su presencia, ella no puede reprimir un suspiro de susto. Se miran un momento y en seguida ella baja corriendo y se arroja llorando en sus brazos.*) ¡Carmina . . .!

CARMINA, HIJA. ¡Fernando! Ya ves . . . Ya ves que no puede ser.

FERNANDO, HIJO. ¡Sí puede ser! No te dejes vencer 610 por su sordidez. ¿Qué puede haber de común entre ellos y nosotros? ¡Nada! ¡Ellos son viejos y torpes! No comprenden . . . Yo lucharé para vencer. Lucharé por ti y por mí. Pero tienes que ayudarme, Carmina. Tienes que confiar en mí y en nuestro cariño.

CARMINA, HIJA. ¡No podré!

FERNANDO, HIJO. Podrás. Podrás . . . , porque yo te lo pido. Tenemos que ser más fuertes que nuestros padres. Ellos se han dejado vencer por la vida. Han pasado treinta años subiendo y bajando esta escalera . . . 620 Haciéndose cada día más mezquinos y más vulgares. Pero nosotros no nos dejaremos vencer por este ambiente. ¡No! Porque nos marcharemos de aquí. Nos apoyaremos el uno en el otro. Me ayudarás a subir, a dejar para siempre esta casa miserable, estas broncas constantes, estas estrecheces. Me ayudarás, ¿verdad? Dime que sí, por favor. ¡Dímelo!

CARMINA, HIJA. Te necesito, Fernando. ¡No me dejes!

FERNANDO, HIJO. ¡Pequeña! (*Quedan un momento 630 abrazados. Después, él la lleva al primer escalón y la sienta*

*junto a la pared, sentándose a su lado.   Se cogen las manos
y se miran, arrobados.*)   Carmina, voy a empezar en
seguida a trabajar por ti.   ¡Tengo muchos proyectos!
(CARMINA, *la madre, sale de su casa con expresión inquieta
y los divisa, entre disgustada y angustiada.   Ellos no se dan
cuenta.*)   Saldré de aquí.   Dejaré a mis padres.   No los
quiero.   Y te salvaré a ti.   Vendrás conmigo.   Abando-
naremos este nido de rencores y de brutalidad.

CARMINA, HIJA.   ¡Fernando!   640

(FERNANDO, *el padre, que sube la escalera, se detiene,
estupefacto, al entrar en escena.*)

FERNANDO, HIJO.   Sí, Carmina.   Aquí sólo hay
brutalidad e incomprensión para nosotros.   Escúchame.
Si tu cariño no me falta, emprenderé muchas cosas.
Primero me haré aparejador.   Ganaré mucho dinero y me
solicitarán todas las empresas constructoras.   Para
entonces ya estaremos casados . . . Tendremos nuestro
hogar alegre y limpio . . ., lejos de aquí.   Pero no
dejaré de estudiar por eso.   ¡No, no, Carmina!   Entonces 650
me haré ingeniero.   Seré el mejor ingeniero del país y tú
serás mi adorada mujercita . . .

CARMINA, HIJA.   ¡Fernando!   ¡Qué felicidad! . . . ¡Qué
felicidad!

FERNANDO, HIJO.   ¡Carmina!

(*Se contemplan extasiados, próximos a besarse.   Los
padres se miran y vuelven a observarlos.   Se miran de nuevo,
largamente.   Sus miradas, cargadas de una infinita melan-
colía, se cruzan sobre el hueco de la escalera sin rozar el
grupo ilusionado de los hijos.   Telón.*)   660

FIN

NOTES

ACT I [PAGE 18]

The monthly or quarterly collection of electricity accounts in this way is widely practised in Spain. Consumers may receive an account by post and make payment direct if they wish.

line 1 *Dos sesenta.* This is a colloquial abbreviation of *dos pesetas sesenta céntimos.* Similarly *cuatro diez,* etc.

10 *¡Menuda ladronera es la Compañía!* 'The Company is a den of thieves!' *Menudo,* 'minute, small', is often used ironically to suggest the opposite.

12 *¡Y todavía se ríe!* *Usted* is understood. *Todavía* is here the equivalent of *encima,* so that the meaning is 'And you are laughing into the bargain.'

20 *más de cuatro,* lit. 'more than four', means 'a good few of you.'

21 *Y no falte.* An ellipsis for *Y no falte al respeto,* 'And don't be rude'.

24 *¡Ya va, hombre!* 'Don't be impatient!' The expression is widely used to indicate that an action or movement is to be carried out at once.

25 *que* is often the equivalent of *porque.*

68 *si* and *sí* are both used to add emphasis to a following statement. Numerous further examples are found in the play.

72 *en vez de abonarse a tanto alzado,* 'instead of paying a fixed sum'. The reference is to the 'flat rate' that may be agreed as a basic payment.

81 *¡No faltaba más!* 'The very idea! That's the last straw!'

94 *¿qué se hace?* 'What is he doing with himself?' *¿Qué hace?* is more commonly used.

100 *¡qué se yo!* 'I don't know what!'

line 102   *¡Más bonitas!* 'Very beautiful!'   *Más* is often used with the meaning of *tan* or *muy*.

103   *alguna,* 'one or two.'

131   *no tiene donde caerse muerto,* i.e. 'he hasn't got a thing in the world.'

141   *no me respetas nada,* 'you don't respect me at all.' *¡Nada!* means 'No, not at all! Not a word of it!' *De nada* means 'Don't mention it.'

158   *Os tiene sorbido el seso,* 'has turned your head.' Literally it means that Fernando has sucked the brains of every girl in the house, making them lose their wits.

167   *tinto = vino tinto,* 'dark red wine.'   Similarly *blanco = vino blanco,* 'white wine.'   Light red wine is called *clarete.*

178   *¡Calla, hija!   ¡No me digas!* 'You needn't tell me! You're telling me!'   Spoken very forcefully *¡No me digas!* means 'I don't want to know!'

231   *casinillo.* The diminutive is used humorously by the author to refer to the spot by the window where neighbours could chat together; a kind of club.

235   *Nada, lo de siempre,* 'It's nothing, just the usual.'

237   *pitillos.* The *pitillo* is usually the hand made cigarette, made of cheap *tabaco negro.   Liar un pitillo* is 'to roll a cigarette.'   Other words for 'cigarette' are *cigarro* and *cigarrillo.*   A cigar is *un cigarro puro,* often abbreviated to *un puro.*   Virginia tobacco is *tabaco rubio.*

238   *Eso es ya muy viejo.   Eso* refers to 'what you are saying', hence the meaning is 'I've heard all that before.'

241   *En fin,* 'in short' or 'oh, well . . .'

242   *¿Qué hay por tu fábrica?* 'What's the news of your factory?'

245   *A ver cuando* means 'it's time for (to).'   *A ver* and *a ver si* can be rendered by 'we shall see; let's see; I wonder.'

249   *lo que sacáis en limpio = las ventajas que obtenéis,* 'what (profit) you get out of . . .'   *Sacar en limpio* may also mean 'to deduce, interpret, understand.'

line 262   *¿Qué tengo yo que ver . . .?*   'What have I to do with . . .?'

294   *Que el tiempo lo dirá todo,* 'Time will tell.'

301   *lo más fácil,* 'the easiest (most likely) thing.'

322   *haciendo trampas en el contador,* 'playing tricks with the meter.'   *Hacer trampas* is 'to cheat.'   This form of economic self defence has been extensively used by poor families in times of stress.

323   *cortar por lo sano,* 'to use desperate remedies; to cut your losses.'   The expression has an obviously surgical origin.

352   *ni hablar,* 'it's not to be thought of; not a word of it.'

375   *por si acaso,* 'just in case' (i.e. 'in case you get the worst of the argument').

399   *¡Como me llamo Paca!*   'As sure as my name is Paca!'

400   *Ya será menos,* lit. 'it will be less' (i.e. 'you won't do anything like it; you are exaggerating').

401   *¡Aire! ¡Aire! ¡A escupir a la calle!*   'Go out into the open!   You can go into the street to spit out your vulgarity!'

414   *de la Luisa y de la Pili.*   The use of the article with Christian names is a vulgarism.

421   *Si no mirara . . .,* 'if I didn't consider . . .' ('My dignity' or 'that I might hurt him' is understood.)

441   *¡No sé cómo nos las arreglamos tú y yo . . .!*   'I don't know how you and I manage (to quarrel).'

455   *Adiós* is frequently used as a greeting in passing, as an alternative to *Buenos días,* etc.

473   *¿Quieres comer?*   The invitation is merely a courteous formality.   The conventional reply in refusing is: *No, gracias* (or simply *gracias*), *que aproveche* (or *buen provecho*), 'No, thank you, good appetite.'

478   *se deje los huesos,* lit. 'leaves his bones,' hence 'wears himself out.'

483   *Menos mal,* 'it's not so bad; it's some consolation.'

487   *No me haga mucho caso,* 'if I'm not mistaken . . .'

538   *podía.* The Imperfect Indicative is here used colloquially instead of the Conditional *podría.*

545   *Y eso que,* 'although.'   The expression is an ellipsis for *y eso a pesar de que,* 'and that in spite of the fact that.'

line 551   ¡*Y qué!* 'So what! What of it!'

573   ¡*Vaya con Trini!* 'Trini be hanged!' The speaker is expressing disappointment at having been forestalled. The suggestion is: 'I wouldn't have thought it of her!'

574   *para mí*, 'in my opinion.'

577   *favores de ésos*, 'favours of that kind.'

589   *no da golpe*, 'doesn't strike a blow' hence 'doesn't do a stroke; doesn't do anything useful.'

599   ¡*Qué va!* 'Away with you! Don't you believe it!'

607   *se está forrando el riñón*, 'he's lining his purse.' *Tener bien cubierto el riñón* is 'to be well heeled.'

626   *Otra que tal*, 'She's another such (just like him).'

627   *A mí no me duelen prendas*, 'Gifts don't hurt me!' As Rosita is her daughter, Doña Paca means 'I don't mind plain speaking.'

630   *Como no sea sufrir por ellos*, 'except suffer on account of them.'

664   *Comprendo que no me creas*, 'I realise why you don't believe me.' The suggestion is: 'I suppose you really don't believe me, since appearances are deceptive.' The full expression would be: *el que no me creas*, 'the fact that you don't believe me.' The Subjunctive is, of course, always used after *el que* with this sense.

688   ¡*No la puedo ver!* 'I can't bear the sight of her!'

707   *para entonces*, 'by then.' *Por entonces* means 'about that time.'

712   *un pisito*, 'a nice little flat.'

ACT II [PAGE 43]

    el Señor Juan. The use of *señor* with the Christian name indicates lack of education and polish.

    de aire quijotesco, 'looking like Don Quixote' (i.e. tall, gaunt and doleful).

line 1   *Ande, madre*, 'Come, mother.' Carmina means *no se detenga usted*. The use of *usted* and *ustedes* by children in addressing their parents is customary in some parts of Spain, and is found to some extent everywhere. Where *usted* is used, *madre* and *padre* are preferred to *mamá* and *papá*. This regional preference for *tú* or *usted* is complicated by the fact that *tú* is often preferred in comfortable middle-class families, while *usted* is often used by children in more humble homes. The latter may be due to the rural origin of the family, but it is impossible to generalize. It will have been noted that Rosa and Trini use *usted*, while Elvira uses *tú*.

line 22   *de primera*, i.e. *de primera clase.*

32   *Si* is again used to add emphasis to the statement.

51   *con el día y la noche*, 'with nothing in the world.'

59   *¡Ea!* 'Come now!'

66   *Hala*, 'Go on (with you).' The word differs in use from *vamos*, in that the latter implies that the speaker will accompany the person addressed.

72   *¿Quién piensa en morir?* The question implies, as it often does in English, 'The very idea!'

80   *Se acabó*, 'That's finished' or 'That's done with.' The speaker means 'we'll talk no more about that.'

95   *¡Qué buenos ni qué . . . un crío!* 'Don't talk nonsense! I feel like smacking you as we do a child!' The use of the unrelated word *peinetas* ('back combs') is intended to introduce a note of incongruity. A similar expression is: *¡Qué buenos ni qué narices!*

105   *¿En qué quedamos?* 'What are we going to do, then?' or 'What is our decision?'

119   *¡Je!* This exclamation is ironical or sneering. Repeated, as in *¡Je! ¡Je!* or *¡Ji! ¡Ji!* it is equivalent to 'Te-hee!'

120   *Ese era el cuento que colocabas a todas*, 'That was the story you told all the girls.'

147   *¿A qué vienes?* 'What have you come for?' The following *princesa* was a traditional flirtatious compliment of the *chulos* or 'wide boys' of Madrid.

149   *A comer, ¿eh?* 'For lunch, have you?'

170   *pichón*, 'darling.' The feminine form *pichona* should of course, be used here, but the masculine makes a more subtle appeal to the Spanish ear.

line 174   *le dan tierra,* 'they are burying him.'

191   *que no es para tanto,* 'it's nothing to make a fuss
       about.' The use of *que* to introduce a statement
       indicates the omission of a verb such as *digo* or *creo.*

198   *¡Tú no tienes que pegarle!* The speaker should say:
       ¡Tú no tienes por qué pegarle! 'You have no reason
       to beat him!' The latter expression has become
       confused in popular speech with the parallel expression
       Tú no debes pegarle.

200   *Que no se meta conmigo,* 'He shouldn't interfere with me.'

213   *Fulanita . . . Menganita. Fulano, Zutano* and
       Mengano, with their feminine and diminutive forms,
       are equivalent to 'so and so,' 'what's his name,' etc.,
       used when the precise names are unknown or the
       speaker does not wish to mention them.

352   *Se me pasó. A eso subía,* 'I forgot. I was coming up
       about it.'

356   *¿Qué le pasa?* 'What's the matter with him?'

357   *Lo de Rosa,* 'Rosa's affair.'

369   *Ya = Ya entiendo,* 'I understand.'

380   *Debe de defenderse muy mal, ¿verdad?* 'She must be
       having a bad time of it, mustn't she?' The use of
       de with *deber* suggests the speaker's conviction that
       this is so. *Defenderse* is also used meaning 'to rub
       along, to get by', in speaking a language.

388   *¿qué tal se defiende?* 'How is she getting along
       (financially)?'

399   *echarse a la vida. Mala* is understood.

401   *lo poco que él la da alguna vez,* 'the little he gives her
       occasionally.' *La* is widely used instead of the
       correct dative form *le.*

404   *lo delgada que se ha quedado,* 'how thin she has become.'

421   *durillos.* The *duro* is the five-peseta piece or bank-
       note. The use of the diminutive here suggests
       indifference to the value of the money, though it may
       at other times indicate affection.

431   *si lo hago por ti,* 'I am only doing it for you.' *Si* is
       again used emphatically.

455   *si antes te falté,* 'if I was rude to you before.' See
       note to Act I, line 21.

line 487   *procuras hacerte el encontradizo con ella,* 'you try to meet her as if by chance.'

520   *Con cara de circunstancias,* i.e. 'with the face that the circumstances call for.' Here, therefore, 'assuming an expression of grief.'

523   *Mi mujer . . . sentimiento,* 'My wife and I feel very deeply for you.'

532   *al nene le toca ahora la teta,* 'it's time for the baby to be fed.'

537   *rico* is widely used in conversation with the meaning of 'nice.'

539   *pedir lo suyo,* 'to ask for his own,' i.e., his feed.

544   *¿no cree?* *Usted* is understood.

ACT III [PAGE 63]

line 1   *¡Qué vieja estoy!* The use of *estar* with adjectives such as *viejo, joven, bonito* and *feo* gives the suggestion of 'I feel' or 'you look', while *ser* with the same adjectives indicates a characteristic of the thing or person in question. *Estar viejo* may also be used of someone or something we knew when young or new, and also of a person who is older than we imagined. When Paca says later of the staircase *No ves que está muy vieja,* she means that it has grown old, as she has.

5   *lo* refers to *estorbo:* "I do not want to be (one).'

7   *Hueco no falta,* 'There is no lack of space (or room).'

10   *Y yo que no puedo con ella,* 'And I can't manage it.' *Poder* is also used idiomatically in *te puedo,* 'I can beat you', a schoolboy's challenge to a fight. A complementary infinitive such as *vencer* is understood.

11   *no me muero ni con polvorones.* The *polvorón* is a cake made of flour, butter and sugar which is very palatable but indigestible. Paca means then that even if she ate *polvorones* she still would not die. She is reflecting that all her generation have died before her, while she seems indestructible.

line 28 *Marchando,* 'getting along.' An equivalent expression is *vamos tirando.*

30 *un exterior,* 'a flat overlooking the street.' Such a
flat is more light and airy than *un interior,* the
windows of which open on to a courtyard.

35 *casi de balde,* 'almost (rent) free.' Rent control
prevents sharp increases in rents while a flat remains
under the same tenancy.

197 *en sus narices,* 'in her face.' The plural *narices*
('nostrils') is used in order to give emphasis to such
expressions.

261 *ya te daría yo cumpleaños,* 'I'd give you birthday.'
This formula, with its implied threat, is common in
colloquial English.

312 *¡Se acabó!* See note to Act II, line 80.

370 *hubiese querido.* This misuse of the Subjunctive,
commonly met with in colloquial speech, suggests
that the speaker has followed a certain course against
his will. Rosa thus implies that her love for Pepe
caused her to submit to his views.

406 *Ya no queda nada,* 'We're as good as there.'

407 *ve abriendo,* 'go and open the door (while we are
coming up).'

411 *¡Dichoso corazón!* 'What a blessed heart!' *Dichoso*
is frequently used ironically, as is 'blessed' in English.

463 *¿Que me alegraba?* 'I was glad?' The expression is
elliptical for *¿Dices que me alegraba?* or *¿Crees tú
que . . .?*

474 *Ella es quien le saca de sus casillas,* 'She's the one who
is driving him crazy.'

479 *un tenorio,* 'a Don Juan, a Casanova.' *Tenorio* is the
surname of Don Juan, best known through the play
by José Zorrilla, *Don Juan Tenorio,* which is by
tradition performed every year on All Saints' Day.

483 *mirar por encima del hombro a los demás,* 'to look
down on other people.' 'To look back' is *mirar atrás*
or *echar una mirada atrás.*

538 *por Fernando,* 'referring to Fernando.'

543 Elvira and Carmina use *usted,* while Urbano and
Fernando use *tú.* The suggestion is that the women

thus deny any wish for a friendly relationship between the parties to the dispute. The author may also wish to imply a nice distinction between the psychology of the sexes.

line 574 *¡ Porque tú has sabido nadar y guardar la ropa!* 'You have got the best of both worlds.' The swimmer who has left his clothes at the water's edge is usually in no position to prevent them from being stolen.

580 *¡A limpiarse de mi nieta!* 'You can forget my granddaughter!' By extension from such expressions as *Límpiate, que estás de huevo,* the verb *limpiarse* is used disparagingly to suggest that a person is not adequate to a task or situation; in this case, 'You are not good enough for her.'

VOCABULARY

a, *to, at ;* a eso, *for that purpose ;*
a medias, *half ;* a oscuras, *in
the dark ;* a pesar de, *in spite
of ;* a propósito, *by the way,
on purpose ;* a poco, *shortly
afterwards ;* a punto, *ready ;*
a punto de, *on the point of ;*
a regañadientes, *grumbling,
unwillingly ;* a su alrededor,
around them ; a través de,
across, through ; al menos, *at
least*
abalanzarse, *to rush, hurl oneself*
abochornar, *to make blush, wilt*
abonar, *to pay (a bill)*
aborrecer, *to hate*
abrazar, *to embrace*
abrumar, *to overwhelm, weary,
annoy*
abstraído, *abstracted, absorbed*
la abuela, *grandmother*
abur, *'so long!'*
acabar, *to finish, end*
acariciar, *to caress, stroke*
acaso, *perhaps*
acercarse, *to approach*
acordarse(ue), *to remember*
acostarse(ue), *to lie down, go to
bed*
la acritud, *bitterness, acrimony*
achulado, *'flashy'*
adelante, *forward*
adelgazar, *to get thin*
el ademán, *gesture*
además, *besides*
adentro, *in, inside*
advertir(ie), *to notice*
afectarse, *to upset oneself*
agachar, *to bow, lower (the body)*

agarrar, *to seize*
agolparse, *to crowd*
agotado, *exhausted*
agradar, *to please*
agradecer, *to thank*
el agradecimiento, *gratitude*
aguantar, *to stand, bear, put up
with*
ahí, *there*
ahogar, *to choke*
ahorrar, *to save*
airoso, *airy, graceful, breezy*
el ajo, *garlic*
la alcoba, *bedroom*
alegrarse, *to be glad*
la alegría, *joy, gaiety*
alisar, *to smooth*
el alma, *soul ;* alma mía, *my dear*
alterarse, *to be upset*
la altura, *height*
aludido, *alluded to*
alzar, *to raise*
amargar, *to embitter*
la amargura, *bitterness*
amarrado, *moored*
el ambiente, *atmosphere*
ambos, *both*
la amenaza, *threat*
amenazar, *to threaten*
amplio, *roomy, spacious*
anacrónico, *anachronistic*
la ancianita, *little old woman*
anciano, *old*
andar, *to walk, go*
ante, *before, in face of*
antes, *before, rather*
la angustia, *anguish*
angustiado, *distressed*
el ánimo, *courage*
antiguo, *old, former*

apañar, *to pick up*
aparecer, *to appear*
el aparejador, *architect's assistant*
apartar, *to put aside, draw aside*
apenas, *hardly, scarcely*
aplacador, *placatory*
aporrear, *to knock (loudly)*
apoyarse, *to lean*
el apremio, *urgency*
apresurado, *hurried, hurrying*
apresurarse, *to hurry*
apretar(ie), *to squeeze, press*
aprisa, *quickly*
aprovechar(se), *to profit, take advantage*
aproximarse, *to approach*
apurarse, *to fret, grieve*
ardiente, *burning*
la arena, *sand*
arrancar, *to set off, leave*
el arranque, '*drive*'
arrastrar, *to drag, draw*
arreglar, *to arrange*
el arreglo, *repair*
arrepentido, *repentant*
arriba, *up, upwards, upstairs*
arrobado, *ecstatic*
arrojar, *to throw*
la arruga, *wrinkle*
arrugado, *wrinkled*
el ascensor, *lift*
el asco, *loathing, nausea*
asegurar, *to assure, assert*
asentir(ie), *to assent, agree*
así, *thus, so, like this (that)*
asistir, *to be present*
asomarse, *to come into view, approach, come (go) to, lean over (out of)*
asombrado, *astonished, stupefied*
el asombro, *amazement*
el asunto, *subject, business*
asustado, *scared, frightened*
asustarse, *to take fright*
atajar, *to interrupt*
atender(ie), *to attend, pay attention*
atolondrado, *scatterbrained*
atreverse, *to dare*

aumentar, *to increase*
aun, *even;* aún, *still, yet*
aunque, *although*
avanzar, *to advance, come (go) forward*
avenirse (a), *to agree to*
aviar, *to tidy up*
avisar, *to advise, inform*
la ayuda, *help*
ayudar, *to help*
el azote, *blow*

bailar, *to dance*
la bajada, *descent*
bajar, *to descend, come (go) down, lower*
bajo, *low*
balbuciente, *stammering*
la barandilla, *banister*
la barbilla, *chin*
barrer, *to sweep*
el barrio, *district*
bastante, *enough, sufficient, quite*
bastar, *to suffice, be sufficient*
la basura, *rubbish, refuse*
la belleza, *beauty*
besar, *to kiss*
el bigote, *moustache*
el billete, *ticket, banknote*
la blandura, *mildness, gentleness*
blanquear, *to whiten, whitewash*
bobo, *silly, stupid*
la boca, *mouth;* boca abajo, *face down*
la bocanada, *puff*
la bofetada, *blow*
el bolsillo, *pocket*
la bombilla, *electric light bulb*
bonito, *pretty, nice*
el borde, *edge*
bordear, *to border, edge*
la botella, *bottle*
el brazo, *arm;* del brazo, *arm in arm*
breve, *brief, short*
brindar, *to offer, invite, toast*
la bronca, *row, wrangle*
la brusquedad, *brusqueness, roughness*

el bruto, *dolt*
el bulto, *bulk, package*
la burla, *ridicule, sneer*
burlarse, *to make fun*
buscar, *to look for, seek, get*

los cabellos, *hair*
la cabeza, *head*
la cacharra, *piece of crockery, pot*
cada, *each;* cada vez más, *more and more*
caer(se), *to fall*
la caja, *box, coffin*
la cajetilla, *packet*
callar(se), *to be silent*
la cama, *bed*
cambiar, *to change*
caminar, *to walk*
el camino, *road, way;* camino de, *on the way to*
la camisa, *shirt;* en mangas de camisa, *in shirtsleeves*
el canalla, *riff-raff, cur*
cansar(se), *to tire, weary (oneself)*
el capacho, *shopping bag*
capaz, *capable*
el capricho, *caprice, whim*
caprichoso, *capricious, wilful*
la cara, *face*
¡caramba! *good heavens!*
el carbón, *coal*
cargado, *laden*
cargar (con), *to take upon oneself, shoulder*
el cariño, *affection, love*
cariñoso, *affectionate*
caro, *dear*
la carrocería, *body (of a car)*
las cartas, *cards, letters*
la cartera, *satchel, briefcase, wallet*
la casa, *house;* casa de vecindad, *tenement*
casarse, *to marry*
el casero, *house owner*
casi, *almost*
el caso, *case, matter*
el castigo, *punishment*
la casualidad, *chance*

G

cautelosamente, *cautiously, furtively*
cazar, *to hunt, chase, catch*
cenar, *to have dinner or supper*
la cerilla, *match*
cerrar(ie), *to close*
ciego, *blind*
cierto, *sure, certain*
el cigarro, *cigarette*
claro, *clear, obvious, of course*
la clavellina, *pink*
el cobarde, *coward*
el cobrador, *collector*
el coche, *car, carriage;* coche fúnebre, *hearse*
el cochino, *pig, dirty person*
coger, *to pick, take, seize, catch*
la colilla, *butt, cigarette end*
colocar, *to place*
colorado, *red*
la comida, *food, meal, lunch*
complacido, *pleased*
componer, *to compose, arrange*
la compostura, *composure*
la compra, *purchase, shopping*
con, *with;* con que, *so that*
conceder, *to concede, grant*
el condenado, *wrench*
conducir, *to lead, guide, drive*
confiar, *to trust*
conmover(ue), *to move, shake*
conseguir(i), *to succeed*
el consejo, *advice, piece of advice*
consentido, *spoilt*
la consentidora, *pamperer*
el consuelo, *comfort*
consumido, *frail, worn out*
contar(ue), *to count*
contener, *to restrain*
contestar, *to answer*
contra, *against*
la contrariedad, *contrariness, annoyance, disagreement*
la copa, *wineglass, drink*
coquetear, *to flirt*
el corazón, *heart*
la correspondencia, *reciprocation*
cortar, *to cut, cut off*
coser, *to sew*
la cosilla, la cosita, *trifle*

costar(ue), *to cost*
cotizar, *to quote (a price)*
crecer, *to grow*
creciente, *growing*
la cresta, *cock's comb*
el crío, *child*
el cristal, *pane*
cruzar, *to cross, meet (of eyes)*; cruzarse con, *to pass*
cualquier, *any*; una cualquiera, *a woman of bad reputation*
el cuarto, *room, coin (=1d.), money*; cuarto, *fourth, quarter (quantity)*
la cuenta, *account, bill*; darse cuenta, *to realise*
el cuento, *story*
cuidar, *to care (for), take care (of)*
la culpa, *blame*
el cumpleaños, *birthday*
cumplir, *to fulfil*

charlar, *to chat*
el chico, *boy, lad*
chillar, *to scream*
la chiquilla, *little girl*
el chismorreo, *gossip*
chistar, *to speak, say a word*
el chivato, *sneak*
el chulo, *pimp, good for nothing*
chupar, *to suck*

de, *of, from*; de acuerdo, *agreed*; de balde, *free*; de cara a, *facing*; de dos en dos, *two at a time*; de espaldas, *with one's back turned*; de firme, *steadily*; de modo que, *so that*; de nuevo, *again*; de par en par, *wide (open)*; de pronto, *suddenly*; de reojo, *sideways*; de veras, *really*
débilmente, *weakly*
la decepción, *disappointment*
decididamente, *resolutely*
la declaración, *declaration, proposal*
el dedo, *finger*

dejar, *to leave, let, allow*; dejar de, *to cease from*
el delantal, *apron*
delante, *before, present*
delgado, *delicate, thin*
el delineante, *draftsman*
demás, *other, others*
demasiado, *too, too much*
¡demontre! *the deuce! the devil!*
demostrar(ue), *to demonstrate, show*
la dentadura, *teeth*
dentro (de), *inside*
el dependiente, *clerk, employee*
el derecho, *right*
derramarse, *to spill, pour out*
desabrido, *unpleasant, surly*
desagradar, *to displease*
el desagrado, *displeasure*
desalado, *hasty, anxious, eager*
el desaliento, *discouragement*
desaprobar(ue), *to disapprove*
desasirse, *to let go, free oneself, break free*
el descansillo, *landing*
descarado, *impudent, saucy*
el descaro, *impudence*
descontar(ue), *to discount, deduct*
el descuido, *carelessness*
desde, *from, since*
desembocar, *to come out to*
desenvuelto, *free and easy, brazen*
la desgana, *unwillingness*
desgraciado, *unfortunate, wretched*
deslenguado, *foul-mouthed, scurrilous*
deslomar, *to break the back of*
desobedecer, *to disobey*
despacio, despaciosamente, *slowly*
despectivamente, *scornfully*
despedir(i), *to see off*; despedirse, *to say good-bye*
despojarse (de), *to take off*
despreciable, *despicable*
despreciar, *to scorn, despise*

despreciativo, *scornful*
el desprecio, *scorn*
desprenderse, *to get free*
desvivirse (por), *to be crazy about*
el detalle, *detail*
detener(se), *to stop*
devolver(ue), *to return, give back*
el diablo, *devil*
dichoso, *happy*
el dinero, *money*
el diputado, *deputy, M.P.*
dirigirse, *to go, address*
discutir, *to discuss, argue*
disfrazar, *to disguise*
disfrutar, *to enjoy*
disgustado, *displeased, upset*
el disgusto, *displeasure*
el disparate, *nonsense*
dispensar, *to forgive, excuse*
disponer, *to arrange ;* disponer de, *to make use of the services of*
dispuesto, *ready*
la distracción, *absentmindedness*
divertidamente, *amusedly*
divertido, *amused, amusing*
divertirse(ie), *to amuse oneself, have a good time*
divisar, *to perceive, make out*
doler(ue), *to hurt, grieve*
dolido, *hurt*
dolorosamente, *painfully*
dormidito, *asleep*
dotar, *to endow*
el dote, *dowry*
la duda, *doubt*
el duelo, *mourning*
durar, *to last*

echar, *to throw, cast ;* echarse a, *to begin to*
la edad, *age*
el ejemplo, *example ;* por ejemplo, *for example*
elevar, *to raise*
embocar, *to enter*
emborracharse, *to get drunk*
el embustero, *liar*
emocionado, *moved*

empalidecer, *to grow pale*
emparejados, *side by side*
emparejar (con), *to catch up (with), to be partners*
el empellón, *push*
empeñarse, *to insist*
empezar(ie), *to begin*
emplazar, *to make a date with someone, fix a date*
el empleado, *clerk*
el empleo, *job*
emprendedor, *enterprising*
emprender, *to undertake*
la empresa, *firm, company*
empujar, *to push*
el empujón, *push*
en, *in, on ;* en cambio, *on the other hand ;* en cuanto, *as soon as ;* en efecto, *indeed ;* en seguida, *at once ;* en tanto que, *while*
enajenado, *enraptured*
enamorarse, *to fall in love*
encaminarse, *to set out, make for*
encanecer, *to turn white, become old*
encargarse (de), *to undertake*
encarrilar, *to put to rights, set right, guide*
encender(ie), *to light, strike, light up, switch on*
encima, *over, above, upon*
encoger, *to shrink, shrug (one's shoulders)*
encontrarse(ue), *to find oneself, be, meet (by chance)*
enderezarse, *to draw oneself up*
endurecer, *to harden*
enfadarse, *to get annoyed*
el enfado, *annoyance*
enfrentarse, *to face, meet face to face*
enfurruñarse, *to sulk*
engañar, *to deceive*
enjugar, *to dry*
enlazar, *to link, put the arm round*
enlazado, *intertwined*
enloquecido, *crazy, distracted*
la enredadora, *meddler, busy-body*

enredarse, *to get involved, start a fight*
enrejar, *to grate, fence*
ensayar, *to essay, attempt*
enseguida, *at once*
enseñar, *to teach, show*
entender(ie), *to understand;* entenderse, *to come to an understanding*
enterarse, *to learn, get to know*
el entierro, *funeral*
entornado, *half-closed, ajar*
el entrante, *hollow place (in a wall), recess*
entre, *between, among;* entre dientes, *muttering*
entrecortadamente, *haltingly*
entregar, *to hand over*
entretener, *to entertain, deceive, put off*
entristecido, *saddened*
la entrometida, *meddler*
envalentonado, *emboldened*
la época, *epoch, period, time*
equivocarse, *to be mistaken*
la escalera, *stairs, stairway*
el escalón, *stair, step*
escaso, *scarce, scanty*
la escena, *scene, set, stage*
escoger, *to choose*
esconder, *to hide;* a escondidas, *furtively, secret*
escuálido, *squalid, emaciated*
escuchar, *to listen*
esforzarse(ue), *to strive*
el esfuerzo, *effort*
la espalda, *shoulder, back*
el espanto, *terror, consternation*
esperar, *to wait, hope (for)*
espiar, *to spy on, watch*
la espinilla, *shin, shinbone*
el espolón, *spur*
la esquina, *corner*
esquivar, *to avoid, dodge*
estar, *to be, be at home*
el estorbo, *hindrance, obstacle*
la estrechez, *poverty, meanness*
estrepitosamente, *noisily, with a clatter*
evitar, *to avoid*

el éxito, *outcome, success*
explicar, *to explain*
extrañar, *to surprise*

la falta, *lack*
faltar, *to be lacking, fail, be absent*
la faz, *face*
feo, *ugly*
fiar(se), *to trust*
fijarse (en), *to notice*
el final, *end*
fingir, *to pretend, assume*
el flúido, *electric current*
el fondo, *bottom;* en el fondo, *at heart*
forcejear, *to struggle*
el forcejeo, *struggle, resistance*
forrar, *to line*
fracasar, *to fail*
frente a, *in face of, facing*
fuerte, *strong, loud*
la fuerza, *force, strength*
Fulanita, *so-and-so*
fumar, *to smoke*

la galvanización, *galvanization*
la gallina, *hen*
el gallo, *rooster*
la gana, *appetite, will, desire;* de buena gana, *willingly*
ganado, *won over*
ganar, *to earn, gain, win*
el gandul, *loafer, idler*
gastado, *worn out*
gastar, *to spend*
la gatita, *kitten*
la gentuza, *rabble, scum*
el gesto, *grimace*
el golfo, la golfa, *scoundrel, tramp, ragamuffin*
el golpe, *blow;* de golpe, *roughly, all at once, with a slam*
golpear, *to strike*
gordo, *fat*
la gorra, *cap*
el granuja, *scoundrel*
grasiento, *greasy*
gritar, *to cry out, shout*
gruñón, *grumpy*

guapo, *handsome*
guardar, *to keep, retain, save*
el guiñapo, *rag, reprobate*
el guisado, *stew*
el gusto, *taste, pleasure*

la habitación, *room*
hacer, *to do, make ;* hacer caso, *to pay attention ;* hacer falta, *to be lacking, needful ;* hacerse, *to become, get ;* hace un mes, *a month ago, for the last month*
el hada, *fairy*
halagar, *to flatter*
harto, *fed up, sick* (*of*)
hasta, *till, until*
el hierro, *iron*
la historia, *history, story*
el hogar, *home, hearth*
hola, *hello !*
holgado, *comfortable, easy*
el hombro, *shoulder*
el hortera, *store clerk*
hosco, *sullen*
el hueco, *well* (*of a staircase*), *opening*
la huelga, *strike*
la huella, *trace, mark*
el hueso, *bone*
huir, *to flee*
humilde, *humble*
humillar, *to humble, humiliate*
el humo, *smoke*

igualado, *matched*
impedir(i), *to hinder, prevent*
el ímpetu, *impetus, force*
importar, *to be important, matter*
improcedente, *unfit, not right*
inclinar, *to bow* (*the head*)
inconten+iblemente, *irrepressibly*
indeseable, *undesirable*
indignante, *irritating*
inferior, *inferior, lower*
el ingeniero, *engineer*
iniciar, *to initiate, begin*

la inoportunidad, *untimeliness*
inquieto, *anxious*
intentar, *to intend, try*
interpelar, *to interpellate, ask for an explanation*
interponerse, *to interpose*
intervenir, *to intervene*
la ira, *ire, anger*
iracundo, *angry*
izquierdo, *left*

jadeante, *panting*
la jubilación, *retirement*
juntar, *to join*
junto a, *next to, by*
juntos(-as), *together*
jurar, *to swear*

el labio, *lip*
lacio, *lank*
lacrimoso, *tearful*
el ladrón, *thief, robber*
la lagartona, *lizard, sly woman*
la lágrima, *tear*
lanzar, *to throw, launch, hurl*
largarse, *to go away* (*vulgarism*)
largo, *long ;* a lo largo, *along, in the course of* (*time*)
la lástima, *pity*
lateral, *side*
la lectura, *reading*
la lechera, *milk can*
la lechería, *dairy*
lejos, *far, distant ;* llegar lejos, *to go a long way*
la lengua, *tongue*
lentamente, *slowly*
la lentitud, *slowness*
levemente, *slightly*
la ley, *law*
liar, *to tie, bind, become embroiled*
ligero, *light, slight, weak, swift*
limpio, *clean*
lindo, *pretty*
el lío, *row, trouble*
el lobo, *wolf*
la locuela, *wild girl, madcap*

lograr, *to succeed, manage*
luchar, *to fight, struggle*
luego, *then, later, soon, afterwards*
el lugar, *place*
lujoso, *luxurious*
el luto, *mourning*
la luz, *light*

llamar, *to call, knock, ring;* llamar la atención, *to attract, strike*
el llanto, *weeping, tears*
la llave, *key*
el llavín, *latch key*
llenar, *to fill*
lleno, *full*
llevar, *to carry, bear, bring, take, wear;* llevarse, *to carry off, win, get*
llorar, *to weep*
lloroso, *tearful*

la madera, *wood, makings, qualities;* de mala madera, *bad*
la madrugada, *dawn, early morning*
maduro, *mature*
el mahón, *nankeen*
malear, *to spoil, corrupt*
malsano, *unhealthy*
maltratar, *to ill-treat*
el mamporro, *bump, contusion*
la mancha, *stain*
mandar, *to order, send*
la manga, *sleeve*
el manotazo, *slap*
la mansedumbre, *mildness, meekness*
mantener, *to maintain, keep*
maravilloso, *marvellous, wonderful*
el marco, *frame*
la marcha, *departure*
marcharse, *to go away*
marchitarse, *to wither, fade*
el marido, *husband*
el marqués, *marquis*
el marrano, *hog, cur*

mas, *but*
matar, *to kill*
el matrimonio, *married couple*
mayor, *older, bigger;* mayor de edad, *adult*
medir(i), *to measure*
mejorar, *to improve*
la menina, *maid of honour*
mentar, *to mention*
merecer, *to merit, deserve*
meter, *to put;* meterse, *to interfere, go indoors*
mezclarse, *to mix, mingle*
mezquino, *mean*
el miedo, *fear*
mientras, *while*
mimado, *spoilt*
mimar, *to spoil, pet*
el mimo, *pampering, indulgence*
la mirada, *look, gaze, eyes*
la miradita, *coy glance*
la miseria, *pittance*
mismo, *same, self, very*
la mitad, *half*
la mocita, *girl*
el mocoso, *brat, good-for-nothing*
el modo, *mode, manner, way;* de todos modos, *at any rate*
molestar, *to trouble, upset*
molesto, *annoying, annoyed*
la monada, *darling, cute little thing*
la moneda, *coin;* moneda fraccionaria, *small coins*
monologar, *to soliloquize*
la monserga, *gibberish*
montar, *to mount, set up*
el montón, *pile, heap*
morder(ue), *to bite*
moreno, *dark*
la mosquita, *small fly;* mosquita muerta, *hypocrite*
mover(ue), *to move, shake (the head)*
el mozo, *boy, lad, fellow;* buen mozo, *good-looking chap*
mudarse, *to move house*
la muela, *tooth*
muerto, *dead, killed;* el muerto, *dead man*

la mujer, *woman, wife*
la mujercita, *dear little woman*
murmurar, *to murmur, mutter, gossip*
la musaraña, *shrew*

nada, *nothing;* nada más, *nothing else, as soon as*
necesitar, *to need*
negar(ie), *to deny*
el negocio, *business*
el nene, *baby boy*
la nena, *baby girl;* nena, *my dear*
ni, *nor;* ni siquiera, *not even*
el nido, *nest*
la nieta, *grand-daughter*
el nieto, *grandson*
el niño, *boy, child;* niño de pecho, *baby in arms*
nombrar, *to name*
la novia, el novio, *sweetheart*
el noviazgo, *courtship, engagement*
el nudillo, *knuckle*
nuevo, *new;* de nuevo, *again*

el obrero, *workman*
ocultar, *to hide*
oculto, *hidden*
el oficinista, *office worker*
el oído, *hearing, ear*
la ojeada, *glance*
el olor, *scent, smell*
olvidar, *to forget*
ordinario, *ordinary, coarse*
el orgullo, *pride*
la oscuridad, *darkness*

el pájaro, *bird, rogue*
la palabra, *word*
el palmo, *palm, span*
palmotear, *to slap*
el pantalón, *trousers*
el papanatas, *simpleton, dolt*
la papelería, *stationer's*
el papelillo, *screw of paper*
papito, *daddy*
el par, *pair, couple*
parar(se), *to stop*
parecer, *to appear, seem;* parecerse a, *to resemble*

parecido, *like*
la pared, *wall*
la pareja, *couple*
particular, *private*
partir, *to split, crack*
el pasamanos, *handrail*
pasar, *to pass, happen, go, go in;* pasar de largo, *to pass by*
pasear, *to walk*
la pasta, *paste, dough*
el pastel, *cake*
la patadita, *stamp (of foot)*
la patata, *potato*
patear, *to kick*
la paz, *peace*
¡pécora! *schemer!*
el pecho, *breast, bosom*
la pega, *difficulty*
pegar, *to beat*
el peldaño, *step (of stairs)*
la película, *film*
el pelo, *hair*
la pena, *sorrow, pain, trouble*
pender, *to hang*
pensativo, *thoughtful*
perder(ie), *to lose, waste, ruin*
¡perdido! *wastrel!*
perjudicar, *to prejudice, damage*
permanecer, *to stay*
el permiso, *permit*
el pésame, *condolence*
pesar, *to weigh*
pescar, *to fish (for)*
la peste, *pest, plague*
la petaca, *tobacco pouch*
la pícara, *rogue, rascal*
la picardía, *mischief*
la pieza, *piece, part, play (theat.);* mala pieza, *rascal*
pindonguear, *to gad about*
el piropo, *compliment*
el piso, *floor, storey, flat*
la placa, *plaque, plate*
el placer, *pleasure*
la pobreza, *poverty*
polvoriento, *dusty*
poner, *to put;* ponerse, *to become;* ponerse a, *to set about, begin to*

por, *by, through, by means of, on account of;* por dentro, *inwardly;* por eso, *therefore;* por favor, *please;* por fuera, *outwardly;* por lo menos, *at least*

el portal, *entrance hall, porch*

portar, *to carry*

el portazo, *slam (of door)*

precioso, *precious, attractive, charming*

preciso, *necessary, essential*

la pregunta, *question*

el prejuicio, *prejudice*

prenderse, *to catch hold*

la preocupación, *worry*

presenciar, *to be present at, witness*

la prestancia, *excellence, condition*

el presupuesto, *budget*

presuroso, *hurried*

pretender(ie), *to try*

el principio, *beginning*

la prisa, *hurry, haste, speed;* tener prisa, *to be in a hurry*

probar(ue), *to try*

procurar, *to try*

prometer, *to promise*

pronto, *soon, quickly;* de pronto, *suddenly*

propio, *own*

próximo, *next*

el proyecto, *project, plan*

¡puah! *ugh!*

el público, *audience*

el puchero, *pot, daily bread*

pues, *then, well, well then*

el puñadito, *small handful, just a bit*

quedar(se), *to remain, be, be left*

quejarse, *to complain*

querer(ie), *to wish, want, like, love*

el quicio, *doorjamb*

quinto, *fifth*

quitar, *to remove, take away;* quitarse, *to take off;* ¡quita! *don't tell me!*

quizá, *perhaps*

la rabia, *rage*

rabioso, *mad, angry*

rascar, *to scratch, scrape*

el ratito, *short while*

el rayo, *thunderbolt*

la razón, *reason, right;* tener razón, *to be right*

el recibo, *receipt*

recoger, *to collect, take up*

reconocer, *to recognize*

recordar(ue), *to remember, recall, remind*

recostarse(ue), *to lean, recline*

el recuerdo, *memory, reminder;* recuerdos, *regards*

el recurso, *resource, means*

redondear, *to round off (out), clear*

refunfuñar, *to grumble*

regalar, *to present, give*

el regalo, *present, gift*

el regocijo, *enjoyment*

la relación, *relation, contact*

el rellano, *landing*

el rencor, *rancour*

rendido, *worn out, overcome*

reñir(i), *to scold*

repentino, *sudden*

reportado, *recovered*

reportarse, *to pull oneself together*

reprensivo, *reproachful*

la representación, *performance*

reprimir, *to repress*

repugnar, *to be repugnant*

resentido, *resentful*

resistir, *to resist, stand*

resollar(ue), *to pant*

respirar, *to breathe*

retener, *to retain, hold back*

el retiro, *retirement, pension*

el retrato, *portrait;* mi vivo retrato, *the living image of me*

retroceder, *to retreat*

la revancha, *revenge, reprisal*

el revés, *reverse, opposite*

rezongar, *to grumble*

el riñón, *kidney*

la risa, *laugh, laughter*

la risilla, la risita, *giggle, titter*

risueño, *laughing*
rodear, *to surround*
rogar(ue), *to beg, plead*
romper, *to break;* romper a
reir, *to burst out laughing*
rondar, *to walk around, court,
be about (of age)*
roñoso, *mean, stingy*
la ropita, *clothes;* ropita de
paseo, *best suit*
rosa, *pink*
el rostro, *face*
rozar, *to rub, scrape;* rozarse,
to be on close terms
rudo, *coarse, rough*
el ruido, *noise*

el sacaperras, *money-maker,
Scrooge*
sacar, *to take out, draw*
la sal, *salt;* sal de la gorda, *cheap
salt (for cooking)*
salir, *to go out, leave;* salirse con
la suya, *to get one's own way*
saltar, *to jump, leap*
saludar, *to greet*
la sangre, *blood*
sano, *healthy*
la saña, *rage, anger*
el sartenazo, *blow with a frying
pan*
seco, *dry, curt;* secamente,
curtly
seguir(i), *to follow, continue, go
on*
seguro, *certain, sure*
semejante, *similar, such*
sencillo, *simple*
sensible, *sensitive, lamentable*
sentir(ie), *to feel, feel sorry,
regret, sense, hear*
la seña, *sign*
la señal, *signal, sign*
señalar, *to point to*
el señorito, *young master, playboy*
ser, *to be;* ¿qué va a ser de...?
what is going to become of...?
el ser, *being, individual*
servir(i), *{to serve, profit;* ¿de
qué sirve? *what's the use?*

el sigilo, *secrecy*
siguiente, *following*
simpático, *pleasant, nice*
simple, *simple, silly*
la simpleza, *simpleness, stupidity*
sin (que), *without;* sin embargo,
nevertheless
el sindicalista, *trade unionist*
sindicarse, *to syndicate*
el sindicato, *trade union*
sino, *but*
el sinvergüenza, *scoundrel, shame-
less person*
el sitio, *place*
socarronamente, *craftily, slily*
la solapa, *lapel*
solicitar, *to seek, ask for, apply
for*
solo, *alone, deserted*
soltar(ue), *to let go, set free*
soltero, *unmarried*
sollozar, *to sob*
el sombrero, *hat*
sonreir(i), *to smile*
sonriente, *smiling*
la sonrisa, *smile*
sonsacar, *to pilfer, entice away*
el soñador, *dreamer*
soñar(ue), *to dream*
soplar, *to blow, 'swipe'*
soportar, *to bear, put up with*
la sordidez, *sordidness*
sordo, *deaf*
sorprender, *to surprise*
la sorpresa, *surprise*
suavemente, *softly, gently*
la subida, *rise*
subir, *to climb, go up*
suceder, *to happen*
sucio, *dirty*
sudar, *to perspire, sweat*
el suegro, *father-in-law*
el sueldo, *wages, salary*
el suelo, *ground, floor*
el sueño, *sleep, dream*
la suerte, *luck*
la suficiencia, *self-satisfaction*
sujetar, *to fasten, hold, subdue*
sumiso, *submissive, humble*
suplicar, *to beg*

suponer, *to suppose*
suspirar, *to sigh*
el suspiro, *sigh*
el susto, *shock*
susurrar, *to whisper*

el talle, *waist*
tantear, *to feel, grope*
tapar, *to cover, stop (one's ears)*
el tarambana, *'crackpot'*
tararear, *to hum*
el tarareo, *humming*
tardar, *to be long or late*
la tarifa, *tariff, rate*
la tejedora, *weaver*
el telón, *curtain (theatre)*
tenazmente, *tenaciously*
tender(ie), *to tender, hold out*
el terciopelo, *velvet*
terco, *obstinate*
el término, *term;* el primer término, *foreground*
la ternura, *tenderness*
el tesoro, *treasure*
la testarudez, *obstinacy*
tierno, *tender*
el timbre, *bell (electric)*
el tinte, *tint, tinge*
tirar, *to throw, throw down, throw away, pull*
tontear, *to play the fool, fool around*
la tontería, *foolishness, nonsense*
tonto, *foolish, silly*
torcer(ue), *to turn, twist*
tornar, *to return*
torpe, *stupid*
la torpeza, *stupidity*
trabajador, *hardworking*
el trabajo, *work, labour, difficulty*
tragar, *to swallow*
el traje, *dress, suit*
el tramo, *flight (of stairs)*
transcurrir, *to pass (of time)*
el tranvía, *tramcar*
el trapo, *rag*
tras, *after, behind*
trasnochar, *to keep late hours*
traspasado, *pained*

trastear, *to manage, play (a bull)*
tratar (de), *to treat (of), try to;* tratarse de, *to concern;* ¿de qué se trata? *what is it about?*
la triquiñuela, *chicanery, subterfuge*
triste, *sad, poor*
la tristeza, *sadness*
tumbado, *lying*
tumbarse, *to lie down, stretch out*
turbado, *disturbed, confused, upset*
tutearse, *to speak familiarly, using* tú *and* te

último, *last*
único, *only*
la urraca, *magpie*

la vacilación, *hesitation*
vacilante, *hesitant*
vacilar, *to hesitate*
vacío, *empty*
vago, *vague;* el vago, *idler, vagabond*
el vecino, *neighbour, resident*
la vejez, *old age, old story*
velozmente, *swiftly*
vencer, *to conquer, defeat*
vencido, *defeated, overcome*
ver, *to see;* tener que ver con, *to have to do with*
la verdad, *truth;* de verdad, *truly*
verdaderamente, *truly, really*
vergonzoso, *shameful*
la vergüenza, *shame, modesty*
el verso, *verse, poetry*
vestido, *dressed;* vestido de calle, *in outdoor clothes*
vestir(i), *to wear*
la vez, *time, occasion;* otra vez, *again*
la víbora, *viper*
la viejecita, *little old woman*

vigilar, *to watch, guard*

el vino, *wine*

la vista, *sight, gaze, eyes*

vocear, *to shout*

volver(ue), *to turn, return;* volverse, *to turn round;* volver a, *to do something again*

la voz, *voice, shout*

la vuelta, *return;* de vuelta, *back*

ya, *already, now;* ¡ya! *yes, that's right!*

el yerno, *son-in-law*

zafarse, *to dodge*

zalamero, *wheedling, flattering*

el zángano, *drone, idler*

zarandear, *to shake*